¡SÍ!

Noah J. Goldstein, Steve J. Martin
y Robert B. Cialdini

¡SÍ!

LID

MADRID | CIUDAD DE MÉXICO | LONDRES
NUEVA YORK | BUENOS AIRES
BOGOTÁ | SHANGHÁI | NUEVA DELHI

LID EDITORIAL

A member of:
BPR
businesspublishersroundtable.com

Editorial Almuzara S.L.
Parque Logístico de Córdoba, Ctra. Palma del Río, Km 4, Oficina 3
14005 Córdoba
www.almuzaralibros.com
www.LIDeditorial.com

EAN-ISBN13: 9788417880231
Traductora: María López Medel
Diseño de portada: Juan Ramón Batista
Impresión: Liberdigital
Depósito legal: M-3484-2020

Impreso en España / *Printed in Spain*

Primera edición: septiembre de 2008
Segunda edición: febrero de 2020
Tercera edición: mayo de 2026

Te escuchamos. Escríbenos con tus sugerencias, dudas, errores que veas o lo que tú quieras. Te contestaremos, seguro: info@lidbusinessmedia.com

Índice

Introducción

Si el mundo es un escenario, el más mínino cambio en nuestro guión puede acarrear consecuencias dramáticas.

El cómico Henny Youngman solía contar un chiste sobre el lugar donde se había hospedado la noche anterior: «¡Menudo hotel! Las toallas eran tan grandes y mullidas que apenas pude cerrar la maleta».

Los tiempos han cambiado y el dilema moral al que se enfrentaba cualquier huésped de hotel (la eterna duda sobre si *tomar prestadas* las toallas de la habitación) ha sido reemplazado por la decisión de reutilizar o no las toallas durante la estancia. Los hoteles, cada vez más comprometidos con políticas de protección medioambiental, piden a los viajeros que vuelvan a usar sus toallas para contribuir a la conservación de los recursos, ahorrar energía y reducir la cantidad de contaminantes que emiten los detergentes al medio ambiente. En la mayoría de los casos, esta petición se materializa en forma de una sutil tarjeta colocada en el cuarto de baño de las habitaciones que ofrecen una oportunidad excelente para comprender la ciencia, a menudo *oculta,* de la persuasión.

Y es que, partiendo de una serie casi ilimitada de ángulos y resortes motivacionales posibles, ¿qué palabras se deben imprimir en las tarjetas para que la petición sea lo más persuasiva posible de cara a los huéspedes del hotel? Antes de responder a esta pregunta, algo que haremos en los dos primeros capítulos de este libro, preguntémonos primero cómo los diseñadores de estos mensajes suelen animar a los huéspedes a participar en este tipo de programas. Un estudio de los mensajes transmitidos por docenas de tarjetas en una amplia variedad de hoteles de todo el mundo revela que, por lo general, el reciclado de toallas se fomenta recalcando casi exclusivamente la importancia de proteger el medio ambiente. Así, a los huéspedes se les informa casi invariablemente de que la reutilización de sus toallas ayudará a conservar los recursos naturales y a evitar el agotamiento y la destrucción del paisaje, información que suele ir acompañada de llamativas imágenes naturales que van desde un arco iris hasta gotas de agua o selvas tropicales, pasando incluso por fotografías de renos.

Por lo general, esta estrategia de persuasión parece causar efecto. De hecho, uno de los mayores fabricantes de este tipo de señales asegura que la mayoría de los clientes a quienes se les ofrece la oportunidad de participar en estas iniciativas reutilizan efectivamente sus toallas al menos en una ocasión durante su estancia. El nivel de participación que genera este tipo de señales podría considerarse asombroso.

Pero todo psicólogo social suele estar al acecho de oportunidades para aplicar sus conocimientos científicos que le permitan desarrollar políticas y prácticas más efectivas todavía, y a nosotros estas pequeñas tarjetas de reciclaje de toallas nos pedían a gritos, como las vallas publicitarias donde se puede leer: «Anúnciese aquí», que probásemos nuestras ideas en ellas. Y lo hicimos. Como explicaremos a continuación, conseguimos demostrar que, con un cambio mínimo en la forma en que se realiza la petición, las cadenas hoteleras pueden alcanzar una mayor cuota de éxito.

Evidentemente, la manera precisa en que se puede abordar la mejora de la efectividad en esta clase de campañas medioambientales no es una cuestión sencilla. En términos muy generales, reivindicaremos que es posible aumentar la capacidad de cualquier persona para persuadir a los demás mediante el aprendizaje de unas estrategias de persuasión de éxito demostrado científicamente. Y, como desvelaremos en este libro, nuestros mensajes pueden ser mucho más persuasivos si introducimos unos cambios mínimos y sencillos, tal y como ha quedado demostrado en multitud de escenarios diferentes a través de docenas de estudios realizados por nosotros y por otros científicos, y también examinaremos los principios que se esconden detrás de sus conclusiones. Nuestro propósito central consiste en dotar al lector de una mejor comprensión de los procesos psicológicos que sustentan la manera en que podemos influir en los demás para orientar sus actitudes o comportamientos en una dirección que ocasione resultados positivos para ambas partes. Además de presentar una variedad de estrategias efectivas y éticas de persuasión, comentaremos los elementos que es necesario tener en cuenta para poder resistirse a las influencias tanto sutiles como manifiestas en el proceso de toma de decisiones.

Cabe señalar que, en lugar de apoyarnos en la *psicología de uso común* o la experiencia personal, tan nefastamente común, estudiaremos la psicología de fondo en las estrategias satisfactorias de influencia social dentro del contexto de la evidencia del rigor científico que la sustenta, y lo haremos concentrándonos en una serie de desconcertantes sucesos, explicables mediante el conocimiento profundo de la psicología de la influencia social. Por ejemplo, por qué, inmediatamente tras la noticia del fallecimiento de uno de los Papas más populares de la historia moderna, multitudes de personas inundaron los comercios situados a miles de kilómetros de distancia para adquirir recuerdos que nada tenían que ver ni con el Papa, ni con el Vaticano, ni con la Iglesia Católica. También indagaremos en el único artículo de oficina capaz de aumentar la eficacia de sus intentos de persuasión y analizaremos lo que puede enseñarnos Luke Skywalker sobre liderazgo, o el error frecuente de los comunicadores que convierte sus mensajes en contraproducentes, además de cómo convertir sus debilidades en fortalezas persuasivas y por qué, en ocasiones, considerarse (o ser considerado) un experto puede ser tan peligroso.

La persuasión como ciencia, no como arte

Aunque la persuasión es, desde hace más de medio siglo, objeto de estudio científico, la investigación en este campo tiene algo de ciencia oculta, a menudo latente en las páginas de publicaciones académicas. Teniendo en cuenta el grueso de las investigaciones realizadas en este campo, puede ser útil detenerse un momento para reflexionar sobre por qué suele pasarse por alto. No sorprende que las personas que se enfrentan a la decisión de cómo influir en los demás a menudo se apoyen en líneas de pensamiento afianzadas en áreas como la economía, la ciencia política o la política pública. Lo curioso, sin embargo, es la frecuencia con que los decisores hacen caso omiso de las teorías y prácticas consolidadas de la psicología.

Una explicación podría ser que, al contrario del planteamiento de los dominios de la economía, la ciencia política y la política pública, que requieren el aprendizaje de terceras personas para lograr un grado mínimo de competencia, las personas creen poseer unos conocimientos intuitivos de los principios psicológicos simplemente por el hecho de vivir e interactuar con sus semejantes. Precisamente por eso son menos propensos a estudiar y consultar la investigación psicológica a la hora de tomar decisiones y este exceso de confianza se traduce en la pérdida de oportunidades doradas para influir en los demás o, peor aún, en el mal uso de los principios psicológicos en perjuicio de ellos mismos y de los demás.

Además de esta excesiva dependencia en sus experiencias personales, las personas suelen fiarse demasiado de la introspección. Por ejemplo, ¿por qué los equipos de mercadología *[marketing]** encargados del diseño de las señales de reutilización de toallas se centran casi exclusivamente en el impacto de estas políticas sobre el medio ambiente? Probablemente, hicieron lo que haríamos cualquiera de nosotros: se preguntaron a sí mismos «¿qué me motivaría a mí a participar en estos programas de reciclaje de toallas?» y, al examinar sus propias motivaciones, cayeron en la cuenta de que una señal que recurriera a sus valores e identidad como individuo preocupado por el medio ambiente sería especialmente motivadora. Claro que, al hacerlo, no supieron ver la manera de aumentar la participación simplemente alterando algunas palabras.

A menudo se hace referencia a la persuasión como un arte pero es un error porque es una ciencia. Por mucho que a los artistas de talento se les puedan enseñar destrezas para aprovechar sus dotes naturales, el artista verdaderamente extraordinario hace gala de un talento y una creatividad que ningún profesor puede inculcar en un alumno. Por suerte, con la persuasión no ocurre lo mismo, sino que incluso aquellas personas que se consideran pesos ligeros de la persuasión (por ejemplo, incapaces de engatusar a un niño para que juegue con algún juguete) pueden convertirse en pesos pesados mediante el

* Nota del editor: El Diccionario de la Real Academia Española acaba de incorporar la entrada *marketing* pero no ha incluido todavía *marketingero, marquetinero,* o similares y, por ello preferimos seguir usando *mercadología, mercadólogo, mercadológico* y derivados, aunque, ciertamente son menos utilizadas en el día a día de la industria.

estudio de la psicología de la persuasión y la aplicación de estrategias cuya eficacia ha sido demostrada científicamente.

Independientemente de que usted sea un directivo, abogado, trabajador sanitario, diseñador de políticas, camarero, vendedor, docente u otra profesión completamente distinta, este libro está pensado para ayudarle a convertirse en un maestro persuasor. Describiremos ciertas técnicas basadas en lo que uno de nosotros (Robert Cialdini) analizó en su obra *Influence: science and practice* como los seis principios universales de la influencia social: reciprocidad (nos sentimos obligados a devolver los favores que recibimos), autoridad (nos fijamos en los expertos para que nos marquen el camino), compromiso/coherencia (queremos actuar de acuerdo con nuestros compromisos y valores), escasez (cuanto menos disponible sea un recurso, más lo queremos), simpatía (cuanto más nos guste una persona, más queremos decirle que sí) y aprobación social (nos fijamos en lo que hacen los demás para guiar nuestra conducta).

Analizaremos con bastante detalle el significado de estos principios y su funcionamiento, aunque sin limitarnos a ellos, ya que, si bien estos seis principios respaldan la mayoría de las estrategias satisfactorias de influencia social, existen muchas técnicas de persuasión que se basan en otros factores psicológicos y que también desvelaremos.

Asimismo, pondremos de relieve el funcionamiento de estas estrategias en una serie de contextos diferentes, centrándonos no sólo en el lugar de trabajo sino también en las interacciones personales (por ejemplo, como padres, vecinos o amigos) y ofreceremos consejos prácticos, orientados a la acción, éticos y fáciles de implementar, que exigen muy poco esfuerzo o coste adicional y aportan enormes dividendos.

Con nuestros respetos hacia Henny Youngman, estamos totalmente convencidos de que cuando termine de leer este libro su caja de herramientas persuasivas contendrá tantas estrategias de influencia social demostradas científicamente que apenas podrá cerrarla.

1

¿Cómo aumentar la persuasión incomodando a su público?

La programación de pago, en forma de anuncios de teletienda (anuncios de larga duración que simulan ser un programa de televisión), es cada vez más común en el creciente número de canales de televisión disponibles hoy en día y Colleen Szot es una de las guionistas de mayor éxito en este sector por una buena razón: además de haber creado varios anuncios muy conocidos en Estados Unidos, es la autora del guión de un programa que batió el récord de ventas de casi veinte años de un canal de televenta. Pese a que este tipo de anuncios recurren a muchos elementos comunes a casi cualquier programa (lemas llamativos, un público artificialmente entusiasta, la aparición de personajes famosos...), en aquella ocasión Szot cambió un par de frases del guión típico que provocaron un aumento del interés de los espectadores en el producto. Curiosamente, aquellas palabras dejaban claro a los clientes potenciales que el proceso de pedido del producto podía ser algo engorroso. ¿Cuáles fueron aquellas palabras y por qué consiguieron disparar las ventas?

En lugar de la la trillada frase de «Los agentes están esperando. Llamen ahora», Szot incluyó el siguiente reclamo: «Si los agentes están ocupados, por favor inténtenlo más tarde». A primera vista, el cambio se antoja temerario. Después de todo, el mensaje parece sugerir que los clientes potenciales tendrán que perder el tiempo marcando el mismo número una y otra vez hasta dar con un agente telefónico, claro que ese planteamiento escéptico pasa por alto el poder del principio de la aprobación social. En pocas palabras, cuando una persona está indecisa sobre qué medida tomar, tiende a fijarse en lo que hacen los demás. Siguiendo con el ejemplo de Colleen Szot, considere la imagen mental generada al escuchar que «los agentes están esperando»: veintenas de empleados aburridos, limándose las uñas o recortando cupones mientras esperan junto a un teléfono mudo; una imagen indicativa de poca demanda y malas ventas.

Ahora, piense en cómo cambiaría su percepción de la popularidad del producto si escuchara la frase: «si los agentes están ocupados, por favor inténtenlo más tarde». En lugar de aquellos telefonistas aburridos e inactivos, seguramente se estará imaginando personas que pasan de una llamada a otra sin descanso. Y, gracias a ese cambio de palabras, los espectadores obedecieron a lo que percibían que estaban haciendo otras personas, aunque fueran completamente anónimas. Al fin y al cabo, si las líneas de teléfono estaban ocupadas, debían de estar llamando otras personas que estaban viendo el anuncio como ellos.

Muchas teorías clásicas de la psicología social demuestran el poder de la aprobación social a la hora de influir en las acciones de los demás. Por ejemplo, en un experimento realizado por el científico investigador Stanley Milgram y otros colaboradores, una persona se detuvo en medio de una concurrida acera de Nueva York y miró fijamente al cielo durante sesenta segundos. La mayoría de los transeúntes pasaron de largo sin lanzar una mirada hacia arriba. Sin embargo, cuando los investigadores colocaron a cuatro hombres más mirando al cielo, el número de peatones que se les unió se cuadruplicó con creces.

Pese a que, indudablemente, las conductas de los demás son una poderosa fuente de influencia social, debemos señalar que cuando preguntamos a los participantes de nuestros estudios si las actitudes de los demás influyen sobre la suya, insisten rotundamente en que no es así, aunque los psicólogos sociales experimentales no opinan lo mismo. Al contrario, conocemos la nefasta capacidad de las personas para identificar los factores que afectan a su conducta. Tal vez ésta sea una de las razones por las que los diseñadores de las tarjetas de reutilización de toallas no pensaron en aprovecharse del principio de la aprobación social. Lo cierto es que cuando se preguntaron «¿qué me motivaría a mí?», lo más probable es que acabaran descartando la influencia, muy real por otra parte, que los demás ejercen sobre su comportamiento.

Como resultado, concentraron toda su atención en el hecho de que la reutilización de toallas contribuiría a salvar el medio ambiente, un elemento motivador que, al menos a primera vista, parecía ser el más relevante dada la conducta deseada.

¿Recuerda que la mayoría de los huéspedes de hotel que se topan con una señal de reciclaje de toallas vuelven a utilizar la suya al menos una vez durante su estancia? ¿Y si nos limitáramos a informar de ese dato? ¿Ejercería alguna influencia sobre su participación en la política de conservación? Dos de los autores de este libro, junto con otro investigador, nos dispusimos a analizar si una señal de reutilización de toallas que incluyera esta información podría ser más persuasiva que la opción ampliamente adoptada en el sector hotelero.

Para ello, creamos dos señales y las colocamos en el interior de las habitaciones de un hotel gracias a la colaboración de su director. Una señal estaba diseñada para reflejar el mensaje típico de protección del medio ambiente adoptado por casi todo el sector, solicitando a los huéspedes que contribuyeran a proteger la naturaleza y demostraran su respeto hacia el medio ambiente participando en el programa. La otra señal recurría a la aprobación social y facilitaba el dato verídico de que la mayoría de los huéspedes del hotel reciclaban sus toallas al menos una vez durante su estancia. Ambas señales, junto con otras que comentaremos más adelante, se distribuyeron aleatoriamente por las habitaciones del hotel.

Por regla general, los psicólogos sociales experimentales tienen la suerte de contar con un equipo de entusiastas universitarios que les ayudan a recabar los datos. Sin embargo, como se podrán imaginar, ni nuestros ayudantes investigadores estarían dispuestos a colarse furtivamente en los baños del hotel para recoger la información ni los huéspedes del hotel hubieran estado muy contentos, lo mismo que tampoco lo estaría el consejo ético de nuestra universidad (o, por ende, nuestras madres). Afortunadamente, el personal del servicio de habitaciones se ofreció amablemente a recabar los datos para nosotros y, registraron si el cliente había decidido reutilizar al menos una toalla su primer día de estancia en el hotel.

Cuando analizamos los datos, descubrimos que los huéspedes que eran informados de que la mayoría de los clientes reutilizaban sus toallas (el reclamo de la aprobación social), una estrategia innovadora, tenían un 26% más de probabilidades de reciclar sus toallas que los que leyeron el mensaje básico de protección medioambiental. Y ese 26% de incremento en la participación, relativo a la media del sector, se había conseguido únicamente cambiando un par de palabras en la señal para informar acerca de lo que hacían los demás. No está mal, tratándose de un factor que supuestamente no influía en absoluto.

Estas conclusiones son la prueba de que tener en cuenta el poder de la aprobación social puede repartir amplios dividendos a sus esfuerzos de influir en los demás, aunque no conviene restar importancia a la forma en que se comunica la información. Piense que su público no responderá favorablemente a frases como: «Oye, tú. Sé una oveja y únete al rebaño. ¡Beee!», sino a un enunciado más positivo, como «Únase al gran número de personas que se esfuerzan por proteger el medio ambiente».

Dejando a un lado los efectos de la política pública, la aprobación social puede afectar tremendamente a su vida laboral. Además de pregonar sus productos líderes en venta con unas estadísticas impresionantes que transmitan popularidad (acuérdese de la señal de McDonald's que dice: «Miles de millones de comidas servidas»), nunca está de más pedir testimonios a clientes y usuarios satisfechos. También es importante incluir testimonios en sus presentaciones a aquellos clientes potenciales que tal vez necesiten un comentario tranquilizador sobre las ventajas que puede aportar su organización. O, mejor todavía, idee una situación en la que sus clientes actuales tengan la oportunidad de ofrecer testimonios de primera mano a clientes prospectivos sobre su grado de satisfacción para con usted y su compañía. Una manera de hacerlo es invitar a clientes actuales y potenciales a un almuerzo o un seminario y asignar los asientos de manera que puedan alternar fácilmente. En este contexto, lo más probable es que entablen conversaciones espontáneas sobre las ventajas de trabajar con su organización. Y si, cuando solicite confirmación de la asistencia, sus clientes potenciales le avisan de que le devolverán la llamada, acuérdese de pedirles que, si las líneas están ocupadas, lo intenten más tarde.

2

¿Cómo acelerar el efecto de subirse al carro?

Nuestro mensaje de aprobación social mejoró la reutilización de las toallas frente a la media del sector y, por ello, sabemos que las personas se dejan motivar por las conductas de los demás, aunque nuestro descubrimiento plantea otra pregunta: ¿las conductas de quién son más susceptibles de influir en otras personas?

Por ejemplo, ¿es más persuasivo reutilizar las toallas mediante información de aprobación social que transmita la conducta de las personas que se alojaron previamente en la misma habitación frente a cualquier otra habitación del hotel? Lo lógico, por varias razones, sería pensar que no. De hecho, otorgar más credibilidad a las costumbres de una habitación en concreto es irracional por dos razones. Primero, y desde un punto de vista puramente lógico, lo más probable es que el cliente no tenga una imagen demasiado positiva de los anteriores ocupantes de su habitación. Después de todo, ellos son precisamente quienes, por el mero hecho de haberse alojado allí antes, han contribuido a reducir la calidad de su habitación y de los servicios que cualquier otro huésped del hotel. En segundo lugar, no hay ningún motivo para creer que las conductas de los ocupantes anteriores de su habitación sean más válidas que, por ejemplo, las de quienes se han hospedado en la habitación de al lado. No obstante, como hemos apuntado antes, gran parte de los estudios psicológicos demuestran que las personas suelen equivocarse respecto a lo que las motiva a actuar de una manera determinada.

Si recuerda bien, el mensaje de aprobación social utilizado en el estudio del hotel comunicaba a los huéspedes que otras personas como ellos (en concreto, la mayoría de los huéspedes que se habían alojado anteriormente en el hotel) habían reutilizado las toallas al menos una vez durante su estancia. Pues bien, nos propusimos llevar esa similitud percibida un paso más allá, realizando otro estudio en el que algunos huéspedes del hotel se encontraron con una solicitud de reutilización de toallas que transmitía la aprobación social de los huéspedes alojados previamente en su misma habitación. Así, además del reclamo habitual de la protección medioambiental y la aprobación social del estudio previo, algunos huéspedes vieron una señal que les informaba de que la mayoría de quienes habían ocupado anteriormente su habitación en particular participaron en el programa de reciclaje de toallas en algún momento durante su estancia.

Al analizar los datos, observamos que los huéspedes que conocieron la participación de la mayoría de las personas que habían ocupado su habitación eran aún más propensos a colaborar que los huéspedes que aprendían la norma del hotel en general. Comparado con el llamamiento medioambiental común, se produjo un aumento del 33% en la participación. Estas conclusiones sugieren que, si Henny Youngman se hubiera encontrado una señal en el cuarto de baño indicándole que ni una sola persona que hubiera ocupado anteriormente su habitación había robado jamás una toalla, probablemente habría tenido menos problemas para cerrar la maleta cuando se disponía a abandonar el hotel. Pero, ¿por qué?

Con frecuencia, nos resulta más beneficioso seguir las normas conductuales asociadas a un entorno, situación o circunstancia particular que se asemeje más a la nuestra propia. Por ejemplo, si acude a una biblioteca pública, ¿sigue la norma de los demás usuarios, hojeando en silencio los libros de ficción y hablando ocasionalmente en susurros con sus amigos, o la de los clientes de su bar favorito, aplastándose los libros contra la frente en tono desafiante y jugando a beberse un trago cada vez que lea la letra «e»? Está claro que, si quiere ahorrarse la prohibición de por vida en las instalaciones lo obvio es decantarse por lo primero y no por lo último.

Antes hemos descrito la importancia de los testimonios a la hora de orientar las opiniones de los demás en la dirección que le convenga y, según sugieren los resultados de este experimento, cuanto más similar sea la persona que ofrece el testimonio al público meta, más persuasivo es el mensaje. Es decir, que cuando deba decidir qué testimonio compartir con un cliente potencial, tendrá que olvidarse de su ego y no empezar con el que más orgullo le produzca sino con aquel cuyas circunstancias sean más semejantes a las de su público. Por ejemplo, un profesor que quiera convencer a un alumno para que asista a clase con más regularidad deberá pedir opinión de las ventajas de hacerlo no a los alumnos de la primera fila, sino a los que se parezcan más al alumno en cuestión.

En otro ejemplo, si desea vender una aplicación informática de gestión a la propietaria de una cadena de peluquerías locales, sepa que se sentirá más influida por la satisfacción de otros propietarios de peluquerías respecto a su aplicación que por información similar referida a los *peces gordos* de British Airways. Al fin y al cabo, lo más probable es que piense que si otras personas como ella han tenido buenos resultados con ese producto, también será bueno para ella.

Y si es un líder o directivo y está tratando de persuadir a los empleados para que adopten un nuevo sistema, pida testimonios a las personas del mismo departamento que ya hayan aceptado el cambio. Pero, ¿y si ya lo ha intentado y sigue habiendo un empleado testarudo (tal vez la persona que lleva más tiempo trabajando con el sistema antiguo) a quien no consigue convencer? Con frecuencia, en estos casos los directivos cometen el error de elegir al compañero más elocuente para que intente explicarle las ventajas a su tozudo colega, aunque sea completamente diferente de la persona en muchos sentidos. En lugar de eso, la mejor apuesta del directivo sería probablemente recabar la opinión de un colega parecido (tal vez alguien que también lleve mucho tiempo trabajando con ese sistema), incluso si dicha persona no tiene exactamente la misma capacidad de expresión o ascendiente entre sus compañeros.

3

¿Qué error común provoca la autodestrucción de los mensajes?

En teoría, los anuncios publicitarios están pensados para comercializar productos, no personas. Sin embargo, a principios de los años setenta la organización Keep America Beautiful creó un anuncio tan motivador que muchos opinan que podría tratarse del anuncio de servicio público más eficaz de todos los tiempos. Diseñado para infundir un ingrediente extra de moral en el régimen televisivo de los americanos, el anuncio presentaba a un indígena que reaccionaba ante la destrucción generalizada del medio ambiente derramando una lágrima solitaria pero poderosa. Muchos años después, la misma organización recuperó a su viejo amigo en otra campaña. Esta vez, la cámara mostraba a varias personas que esperan en una parada de autobús haciendo cosas tan comunes como beber café, leer el periódico o fumar un cigarrillo. Cuando llega el autobús, todos se suben a él y en la imagen se ve la parada, ya vacía, llena de vasos de papel, periódicos y colillas. Mediante un movimiento panorámico hacia la derecha, la cámara se acerca lentamente a una valla donde aparece el indígena observando la escena, todavía con una lágrima en los ojos. Después de un fundido a negro, se leía el lema del anuncio: «De vuelta, por negligencia popular».

De vuelta por negligencia popular: ¿qué tipo de mensaje transmite esta frase y los escenarios que aparecen en el anuncio? Al telespectador se le explica que, aunque muchos desaprueben rotundamente a quienes ensucian la calle tirando su basura, lo cierto es que ellos también lo hacen. A pesar de la motivación que seguramente genere comunicar la total desaprobación de este tipo de conductas, transmitir la idea de que se trata de una práctica común ofrece un factor determinante de aprobación social que fomenta precisamente la misma conducta. Esto es así porque el principio de la aprobación social sostiene que las personas tienden a seguir las pautas de acción más populares independientemente de si sus efectos sean dañinos o beneficiosos.

El día a día está repleto de ejemplos de ello: los responsables de los centros de salud y hospitales cuelgan carteles en las salas de espera criticando la cantidad de pacientes que no se presentan a la consulta y se sienten frustrados cuando los índices de ausencia no solo no disminuyen, sino que crecen; los partidos políticos malinterpretan el impacto de sus mensajes condenando el incremento de la apatía de los votantes, influyendo a los electores para que se pierdan su cita con las urnas. En Arizona, los visitantes del Parque Nacional Bosque Petrificado aprenden enseguida, a través de una señalización prominente, que la existencia del parque está amenazada por el elevado número de visitantes que se han llevado fragmentos de madera petrificada de la zona: «Su patrimonio está siendo destrozado diariamente por la sustracción de 14 toneladas de madera petrificada al año, generalmente en fragmentos pequeños».

Por mucho que los casos anteriores sean fiel reflejo de la realidad y fruto de las mejores intenciones, los autores de estas campañas tal vez no se dan cuenta de que, al recurrir a la aprobación social negativa en su reclamo, puede que estén centrando sin querer la atención de su público en la prevalencia y no en la indeseabilidad de dichas conductas. En realidad, conocimos el problema del robo de madera en el Bosque Petrificado a través de un relato que nos contó un antiguo alumno de posgrado que había visitado el parque junto a su prometida, una mujer a la que describía como la persona más honesta que había conocido, alguien que jamás había tomado prestado un clip sin devolverlo. Una vez allí, vieron una señal que solicitaba a los visitantes que no sustrajeran madera petrificada y, antes de terminar de leerla, cuál sería su sorpresa al ver que su prometida, tan cumplidora de la ley, le decía en voz baja: «Más vale que nos llevemos un trocito ahora».

Para analizar el papel de la aprobación social negativa (y para averiguar si éramos capaces de diseñar un mensaje más eficaz), uno de nosotros, junto con un equipo de científicos conductuales, creó dos señales pensadas para disuadir a los visitantes de que sustrajeran madera en el Parque Nacional Bosque Petrificado. La señal de aprobación social negativa transmitía el mensaje de que muchos visitantes habían robado madera y rezaba así: «Hasta ahora, un gran número de visitantes han sustraído madera petrificada del parque, alterando el estado natural del Bosque Petrificado», acompañado de una imagen donde aparecían varios turistas llevándose fragmentos de madera. La segunda señal carecía de información de aprobación social, sino que se limitaba a indicar que robar madera no era ni correcto ni aconsejado, diciendo: «Por favor, no extraiga madera petrificada del parque. Ayúdenos a preservar el estado natural del Bosque Petrificado». Esta última señal iba acompañada de una imagen de un visitante solitario que hurtaba un fragmento de madera, con un círculo rojo y una barra (el símbolo universal de la prohibición) sobre la mano. También contábamos con una condición de control en la que no colocamos ninguna señal.

Sin informar a los visitantes, colocamos fragmentos evidentes de madera petrificada a lo largo del camino y variamos el tipo de señal (en su caso) que se podía leer al principio de cada ruta. Mediante este procedimiento pudimos observar la manera en que las diferentes señales afectaban a los hurtos.

Los resultados del estudio deberían dejar petrificados a los gerentes del parque nacional, ya que, comparado con la condición de control sin señales, en la que se sustrajeron el 2,92% de los fragmentos, el mensaje de aprobación social negativa resultó en casi el triple de hurtos (el 7,92%). Y es que, más que una estrategia de prevención de la delincuencia, lo que tenían era una política de fomento del delito. Por el contrario, el mensaje que se limitaba a rogar a los visitantes que no robaran madera resultó en un índice de robos ligeramente inferior (1,67%) que la condición de control. Estas conclusiones concuerdan con la creencia de que, cuando la aprobación social en una situación indica la frecuencia lamentablemente elevada con que se produce una conducta indeseable, publicitar esa información puede acabar provocando daños involuntarios. Por esa razón, en lugar de transmitir información de aprobación social negativa, en estas circunstancias los comunicadores deberían centrar la atención de su público en el tipo de conducta aceptable y no aceptable en ese contexto. O, si las circunstancias lo permiten, poner de relieve el número de personas que adoptan la conducta positiva, lo que en ocasiones es posible mediante un simple reencuadre de la estadística. Por ejemplo, a pesar de que todos los años desaparecen 14 toneladas de madera del parque, el porcentaje real de ladrones es minúsculo (sólo el 2,92% de todos los visitantes) frente a la inmensa mayoría de personas que respetan las normas del parque y optan por preservar sus recursos naturales.

Por otro lado, ¿cuáles son las implicaciones de los esfuerzos de persuasión? Supongamos que usted es un directivo y no le queda más remedio que admitir que la asistencia a las reuniones mensuales ha disminuido. En lugar de llamar la atención sobre el hecho de que tantas personas se ausenten, puede expresar su desaprobación y subrayar el dato de que los ausentes son una minoría, indicando el gran número de personas que sí asisten. Del mismo modo, los líderes empresariales harían bien en anunciar el número de departamentos, empleados y colegas que ya hayan incorporado un nuevo método de trabajo, aplicación informática o plan de servicio al cliente en sus procesos cotidianos porque, al hacerlo, estarán aprovechando el poder de la aprobación social y, de paso, evitando el efecto contraproducente que supone quejarse de los que no se han subido aún a bordo.

4

¿Cómo evitar el centro magnético cuando la persuasión puede ser contraproducente?

El estudio del Bosque Petrificado deja claro que las personas tienen una tendencia natural a seguir los pasos de la mayoría, incluso cuando se trata de conductas socialmente indeseables y, aunque hemos recomendado modificar el mensaje para centrarse en todas las personas que se comportan de una manera más deseable en esos casos, lamentablemente eso no siempre es posible. ¿Qué puede hacer el persuasor en estas situaciones?

Lo explicaremos a través de un estudio que realizamos junto a Wes Schultz como investigador principal y otros colegas. En primer lugar, pedimos permiso a unos 300 hogares californianos para registrar su consumo energético semanal y, a continuación, enviamos a investigadores a los domicilios de las familias participantes para que leyeran los contadores de la luz y, de esa manera, poder disponer de una medición inicial del consumo de energía de los hogares a la semana (Para quienes estén preocupados por la seguridad de nuestros lectores de contadores, diremos que realizaron su tarea durante las horas de luz y no les permitimos acceder a ningún jardín privado donde hubiera perros sin cadena. Pueden estar tranquilos, ya que ningún ayudante sufrió daños durante la realización de este estudio). Después, colgamos una tarjeta en la puerta principal de cada vivienda, informando a sus ocupantes acerca de su consumo energético comparado con la media del vecindario. Como es lógico, la mitad de los hogares consumían más energía que la media, mientras que la otra mitad consumía menos.

A lo largo de las semanas siguientes, descubrimos que los que habían estado consumiendo más energía que sus vecinos redujeron su consumo en un 5,7%, un dato nada sorprendente. Más interesante, sin embargo, fue descubrir que aquellos que habían estado consumiendo menos energía que sus vecinos incrementaban su consumo energético en un 8,6%. En conclusión, las acciones de la mayoría actúan de centro magnético, es decir, las personas que se desvían de la media tienden a dejarse atraer por ella, modificando sus acciones para adaptarse a la norma, independientemente de que previamente se hubieran comportado de una forma más o menos deseable.

Si esto es así, ¿cómo se puede evitar el efecto contraproducente que surge cuando las personas que demuestran conciencia social en sus actos descubren que están desviándose de la norma (menos deseable por otro lado)? Tal vez convendría incluir una pequeña señal simbólica de aprobación social hacia su conducta positiva, que no sólo comunique la conveniencia social sino que, además, la refuerce positivamente por la vía de un estímulo del ego. Claro que, ¿qué tipo de símbolo deberíamos emplear? ¿Un pulgar hacia arriba? ¿Una marca real de aprobación? ¿O, sencillamente, una cara sonriente?

Para poner a prueba esta idea, incluimos otra condición experimental en el estudio, insertando en la tarjeta que recibieron algunas familias una cara sonriente (J) o enfadada (L), dependiendo, evidentemente, de si estaban consumiendo más o menos energía que la media en el vecindario. Los resultados revelaron que la incorporación de la cara enfadada no supuso grandes diferencias. En otras palabras, las personas que ya consumían una cantidad relativamente elevada de electricidad redujeron su consumo en algo más del 5% independientemente de que la tarjeta incluyera una cara enfadada o no. Lo asombroso, no obstante, fue el efecto que generó la inserción de una cara sonriente en la información que recibieron las familias con un consumo relativamente bajo de electricidad. Así, mientras que sus coetáneos sin simbología demostraron el incremento del 8,6% en el consumo energético que hemos comentado antes, los hogares con cara sonriente continuaron consumiendo energía al nivel reducido anterior a la tarjeta.

Los resultados de este estudio no sólo demuestran el poder de la norma social para atraer hacia sí las conductas de la gente como un imán, sino que también indican la manera en que podemos reducir la probabilidad de que nuestro mensaje de aprobación de la conducta correcta sea contraproducente en la mitad de la población que lo recibe.

Por poner otro ejemplo, imagínese que se hace público el informe interno de una gran compañía, donde consta que el empleado medio llega tarde al trabajo un 5,3% de las veces. La buena noticia es que los que se retrasan en más ocasiones probablemente ajusten su conducta para adaptarse a la norma, aunque la mala noticia es que los que llegan puntuales con más frecuencia también harán lo mismo. Nuestro estudio explica la necesidad de aplaudir inmediatamente la conducta positiva de los empleados que llegan a su hora y dejar claro que se aprecia tanta puntualidad.

Del mismo modo, los trabajadores de servicios públicos deben valorar los efectos de sus mensajes. Por ejemplo, aunque se observen índices elevados de faltas de asistencia a las clases, el personal docente debería declarar públicamente el hecho de que la mayoría de los padres se esfuerzan por que sus hijos asistan a las aulas con regularidad, aplaudiendo esta conducta a la vez que desaprueban tajantemente la actitud del reducido número de padres que no lo hacen.

5

¿Cuándo ofrecer más hace que la gente quiera menos?

Todos conocemos la sensación de llegar a un nuevo trabajo y vernos enseguida desbordados por montañas de papeles donde se nos pide que tomemos toda clase de decisiones importantes. Para muchos, una de estas decisiones consiste en inscribirse en un plan de jubilación, mediante el cual una parte de nuestro salario se destina automáticamente a un fondo de inversiones al que podremos acceder más adelante. Si lo aceptamos, por lo general nos ofrecen muchas opciones para que podamos encontrar la más apropiada, aunque, a pesar de los numerosos incentivos que conlleva la participación en estos programas, a menudo con ventajas fiscales y contribuciones de la empresa en contrapartida, muchas personas optan por no hacer uso de ellos. ¿Por qué? ¿No será que el exceso de opciones es inconscientemente disuasorio?

La científica conductual Sheena Iyengar así lo cree. Junto con un equipo de colegas investigadores, analizó los planes corporativos de jubilación de casi 800.000 trabajadores, con especial atención a la variación de los índices de participación en función del número de opciones de fondos ofrecido. Por supuesto, los investigadores descubrieron que, cuantas más opciones se ofrecían, menos dispuestos estaban los empleados a inscribirse en el programa y que, por cada diez fondos adicionales que ofrecía la empresa a sus empleados, el índice de participación disminuía en casi un 2%. Por ejemplo, si se ofrecían dos fondos, el índice de participación alcanzaba casi el 75%, mientras que si se presentaban 59 el índice caía hasta el 60%.

Iyengar y su colega el científico social Mark Lepper también analizaron si el efecto nocivo de ofrecer demasiadas opciones era aplicable a otros campos, como el de la alimentación. Para ello, colocaron un punto de degustación en un supermercado de gama alta en el que los clientes podían probar una variedad de mermeladas de un mismo fabricante. A lo largo del estudio, los investigadores alternaron el número de sabores de mermelada, de manera que en cada momento se ofrecieran 6 o 24. Los resultados demostraron una diferencia clara y asombrosa entre ambas situaciones, ya que sólo el 3% de los clientes que se acercaron al muestrario completo acabaron comprando alguna de las mermeladas, frente al 30% que lo hicieron con el muestrario reducido.

¿Cuál puede ser la causa de que se multiplicaran por diez las ventas? Los investigadores sugieren que, probablemente, a los consumidores les parece frustrante el proceso de decisión cuando se enfrentan a tantas opciones, tal vez por la incomodidad de tener que diferenciar entre todas ellas. Y lo anterior puede resultar en el desentendimiento de la tarea en cuestión, lo que se traduce en una reducción general de la motivación y del interés hacia el producto en su totalidad. La misma lógica se aplica en el caso de los planes de jubilación.

¿Quiere decir eso que ofrecer mucha variedad y alternativas es siempre perjudicial? Antes de responder a esa pregunta, fijémonos en una de las heladerías más célebres de Vancouver, La Casa Gelato. Esta empresa, que ofrece helados y sorbetes de prácticamente cualquier sabor imaginable e inimaginable, comenzó su andadura como un bar deportivo y pizzería en el distrito comercial de Vancouver en 1982 y se ha convertido según su propietario, Vince Misceo, en el paraíso del helado. Nada más entrar en el establecimiento, los clientes se topan con una gama ecléctica de más de 200 sabores, como espárrago, higos y almendras, vinagre balsámico envejecido, jalapeño, ajo, romero, diente de león y curry, por nombrar sólo unos cuantos.

Teniendo en cuenta los resultados del estudio que hemos comentado antes, ¿ha cometido un error Vince Misceo por ofrecer más de 200 sabores en su heladería? Obviamente, el propietario del comercio se adhiere a la doctrina de que una oferta mayor de opciones es mejor para el negocio y, visto su éxito, tiene razón. Para empezar, la amplia variedad de sabores ha generado mucha publicidad para su empresa, convirtiéndose en una ventaja diferencial única de la marca. En segundo lugar, la mayor parte de su clientela parece saborear verdaderamente (en sentido literal y figurado) el proceso de degustar y elegir los sabores que desean probar. Y, en tercer lugar, maximizar el número de opciones disponibles puede ser especialmente útil cuando los clientes suelen saber exactamente lo que quieren y sólo buscan un establecimiento que se lo pueda ofrecer.

Dicho esto, pocas empresas se encuentran en la afortunada posición de recibir a incontables compradores potenciales literalmente salivando la oportunidad de escoger entre su amplia gama de productos y servicios, sino que, al contrario, lo habitual es que los clientes potenciales no sepan exactamente lo que quieren hasta haber ojeado las opciones disponibles. Para la mayoría de las empresas, esto implica que, saturando el mercado con un gran número de variedades innecesarias de productos, podrían estar perjudicando inconscientemente sus ventas y, como resultado, disminuyendo sus beneficios. En estos casos, una empresa puede motivar a sus clientes hacia la adquisición de sus productos y servicios revisando su línea y eliminando los artículos redundantes o menos populares.

En los últimos años, algunos grandes fabricantes de determinados productos de consumo han racionalizado la gama de opciones que ofrecen, en ocasiones como respuesta a una modesta rebelión de los clientes contra el exceso de elecciones que plantean. Pensemos, por ejemplo, en Procter & Gamble, que ofrece una amplia gama de productos, desde detergentes hasta fármacos. Cuando la compañía redujo el número de versiones de H&S, uno de sus populares champús, de la nada desdeñable cifra de 26 a *sólo* 15, observó rápidamente un incremento del 10% en las ventas.

¿Qué significa eso para usted? Suponga que trabaja para una organización que vende muchas variedades de un producto. Pues, aunque a primera vista parezca ilógico, tal vez valga la pena recortar el número de opciones con el fin de maximizar el atractivo de su oferta, sobre todo si sus clientes no están seguros de lo que quieren exactamente. Además, ofrecer menos opciones supone ventajas adicionales, como un mayor espacio de almacén, un menor gasto en materias primas y una reducción en los materiales de mercadología y punto de venta necesarios para apoyar una cartera de menor tamaño. En todo caso, conviene analizar la amplitud de su gama de productos y preguntarse dónde se enmarcan los clientes indecisos y si el número de opciones ofrecidas puede estar animándoles a buscar alternativas en otra parte.

Además, la lección que nos enseña esta investigación es aplicable también a la vida privada, en el sentido de que presentar opciones a los niños para que elijan el libro que quieren leer o los alimentos que les gustaría comer puede ser indudablemente beneficioso, pero un exceso de opciones tiende a ser abrumador y, en último término, desmotiva. Dice el antiguo refrán que en la variedad está el gusto, pero los estudios científicos demuestran que, en algunos casos, el exceso de variedad, como el exceso de gusto, es un ingrediente que estropea el plato y echa a perder sus esfuerzos de persuasión.

6

¿Cuándo un obsequio se convierte en responsabilidad?

Juegos de cartas, bolígrafos, neceseres, cajas de bombones, muestras de perfume o colonia, cambios de aceite... son (todos ellos) ejemplos de algunos de los obsequios o servicios gratuitos que ofrecen las empresas y, en algún momento de su vida como consumidor, probablemente se haya sentido atraído a aceptar ofertas que incluyen productos como éstos de regalo por la compra de otro. A veces, este tipo de obsequio es, precisamente, lo que le anima a elegir el producto de una empresa en perjuicio del de otra. En ese caso, si a todos nos gustan los obsequios, ¿cómo es posible que regalarlos pueda ser contraproducente?

La investigadora social Priya Raghubir quiso estudiar el supuesto de que, cuando a un consumidor se le ofrece un obsequio gratuito por la compra de un producto (el producto meta), disminuye bruscamente el valor percibido y el atractivo del obsequio como producto en sí mismo, sugiriendo que podría deberse a que los consumidores deducen que el fabricante del producto no regalaría un objeto valioso a cambio de nada. En realidad, es posible que incluso se pregunten si tiene algún defecto o den por supuesto que el producto regalado es obsoleto, anticuado o, tal vez, que las existencias han sobrepasado tanto a la oferta que el fabricante no está haciendo otra cosa que depurar su inventario.

Para analizar la idea de que el valor de un objeto disminuye cuando se ofrece en forma de obsequio gratuito, Raghubir entregó a los participantes un folleto de una tienda libre de impuestos que presentaba un licor como producto meta y una pulsera de perlas de regalo. A un grupo de participantes se le pidió que valorara el atractivo y el valor de la pulsera en el contexto del obsequio, mientras que otro debía valorar la pulsera de perlas independientemente. Los resultados confirmaron la hipótesis, ya que los participantes estaban dispuestos a pagar un 35% menos por la pulsera cuando la veían asociada al producto meta en forma de obsequio que cuando la veían como producto en solitario.

Lo cierto es que las conclusiones revelan determinadas consecuencias potencialmente negativas para las empresas que promocionan una línea concreta de productos regalando otros artículos o servicios que normalmente venden por separado. En ese sentido, Raghubir sugiere que una posible forma de evitar que los obsequios o servicios que ofrecemos gratuitamente surtan el efecto contrario consiste en informar o recordar a los clientes el valor real del regalo. Imagínese que trabaja en una empresa de software y en su publicidad y envíos por correo ofrece un producto gratuito pero olvida indicar a los clientes cuánto les costaría comprarlo: estaría desperdiciando una oportunidad eficaz de otorgar valor y significado a su oferta. Después de todo, la palabra gratis en términos monetarios es 0€, no exactamente el mensaje que usted desea transmitir a sus clientes potenciales en cuanto al valor de sus productos. Para asegurarse de que su oferta sea recibida como la proposición valiosa que realmente es, debe indicar el valor real al cliente. Así, no debería escribir nunca más frases como «Recibirá gratis un programa de seguridad», sino «Recibirá un programa de seguridad valorado en 200€ sin coste alguno para usted».

Esta idea de valorar lo que hacemos no sólo es aplicable a los directivos de empresa, sino a cualquier persona que desee influir en los demás. Por ejemplo, puede comentarle a un colega que estará encantado de quedarse una hora más en la oficina para terminar un proyecto importante porque es consciente de lo que significa para sus perspectivas comerciales. De esta forma estará haciendo valer su tiempo a ojos de su colega, una estrategia que, sin duda, será más influyente que no decir nada.

Del mismo modo, si es miembro de la asociación de padres y tiene que promocionar una actividad extraescolar gratuita para los alumnos, no olvide indicar en sus comunicaciones a los padres lo que les costaría decantarse por otra actividad extraescolar de pago. Al hacerlo, no sólo estará creando valor para su oferta, sino que probablemente también fomentará la participación.

Y estas conclusiones no sólo tienen implicaciones en la empresa y en las actividades de servicio público, sino también en el ámbito familiar; tal vez pueda aprovechar los resultados de la investigación para convencer a sus suegros de que, si quieren que no se infravaloren sus opiniones, dejen de ofrecerle consejos gratuitos.

7

¿Cómo es posible que un producto nuevo de más calidad aumente las ventas de otro inferior?

Hace algunos años, un minorista estadounidense de cocinas, Williams-Sonoma, empezó a ofrecer una panificadora muy superior a su modelo más vendido y, sin embargo, cuando incorporaron el nuevo producto al inventario, las ventas del modelo inferior casi se duplicaron. ¿A qué pudo deberse?

Williams-Sonoma es un establecimiento de gran éxito, con una trayectoria que se remonta a finales de los años 40 y principios de los 50, cuando un hombre llamado Chuck Williams, que trabajaba de contratista en Sonoma (California), viajó con unos amigos a París. Allí vio, por primera vez, productos franceses especializados como sartenes para tortilla o moldes de suflé de una calidad y diseño nunca antes vistos en Estados Unidos. Y así fue como nació Williams-Sonoma Kitchen Outlet, que enseguida creció gracias a la apertura de más establecimientos y la inclusión de una tienda por catálogo. Hoy en día, la compañía y sus filiales presentan unas ventas al por menor anuales por encima de los 3.500 millones de dólares. Parte de esta cifra procede de una panificadora cuyas ventas prácticamente se duplicaron nada más introducir un modelo nuevo, mejorado y más caro.

¿Por qué? Según el investigador Itamar Simonson, cuando los consumidores consideran el abanico concreto de opciones de un producto, puede que tiendan a favorecer alternativas que constituyen opciones de compromiso, es decir, situadas en un término medio entre lo que necesitan como mínimo y lo que pueden gastarse como máximo. De esta forma, cuando un comprador se ve obligado a decidir entre dos productos, a menudo se conforma con la versión más económica. Sin embargo, si se añadiera un tercer producto más caro que los otros dos, la opción de compromiso pasaría a ser el producto intermedio. En el caso de las panificadoras de Williams-Sonoma, la introducción de una máquina más cara consiguió que el modelo original pareciera una opción más acertada y económica en comparación.

¿Cómo puede esta lección de las panificadoras, por decirlo de alguna manera, no pillarnos con las manos en la masa y ponernos a la altura de las circunstancias? Pongamos que usted fuera el propietario de un negocio o el jefe de ventas responsable de una gama de productos y servicios: haría bien en admitir que los productos de gama y precio superiores de su compañía le reportan dos importantes ventajas potenciales para el negocio. En primer lugar, los productos superiores pueden satisfacer las necesidades de un número reducido de clientes actuales y potenciales, que se sienten atraídos hacia este tipo de oferta y, como resultado, le proporcionarán una inyección mayor de beneficios en su negocio. La segunda ventaja, no tan obvia y quizá subestimada, que supone disponer de una gama que incluya una versión muy superior de un producto, consiste en que el siguiente modelo en términos de precio adquiere un mayor atractivo.

Tomemos un ejemplo cotidiano en el que se suele desaprovechar este máximo potencial y que, por otra parte, nos resultará familiar a todos: nos referimos a la elección del vino en una tienda de vinos o restaurante. Un gran número de establecimientos presentan sus caldos más caros en la parte inferior de la carta de vinos, donde los ojos de los clientes casi nunca llegan mientras valoran todas las opciones. En otros, los cavas superiores incluso aparecen en una carta aparte y, como resultado, los vinos y cavas de gama media no figuran como opciones de compromiso, por lo que pueden resultar menos atractivos para los clientes. Sólo con ofrecer los vinos y cavas superiores al principio de la carta, la tienda de vinos o el restaurante conseguirán sacar el máximo partido al poderoso elemento del compromiso.

Esta estrategia también puede ser eficaz en las relaciones laborales. Suponga, por ejemplo, que su organización hubiera decidido pagarle la asistencia a un congreso que se va a celebrar en un crucero y usted quisiera alojarse en un camarote exterior. En lugar de pedírselo directamente a su jefe, refuerce la elección con dos posibilidades más: una menos agradable (un camarote interior) y otra claramente superior, pero probablemente demasiado cara (un camarote con balcón privado). Al crear este conjunto de alternativas alrededor de su opción favorita, aumentará las probabilidades de que opte por la opción que usted prefiere.

Evidentemente, la estrategia del compromiso no se aplica únicamente a las panificadoras, el alcohol y el alojamiento, sino que cualquiera que ofrezca una gama de productos o servicios puede descubrir cómo sus productos intermedios adquieren popularidad si ofrece primero los más caros. Conviene añadir que, en el caso de que su empresa ya haga uso de este planteamiento de enmarcado con un modelo superior, un descenso inesperado en las ventas de la versión de gama alta de un producto podría tentarle a interrumpir su comercialización. Sin embargo, como demuestra esta investigación, eliminarlo sin sustituirlo por otro producto superior podría acarrear un perjudicial efecto dominó que arrancaría con su siguiente modelo de gama alta y seguiría hacia abajo, y una variación de estas características en la elección de compromiso de sus clientes podría acabar poniéndole a usted en un aprieto.

8

El miedo... ¿Persuade o paraliza?

En su discurso de investidura, Franklin Delano Roosevelt, trigésimo segundo presidente de Estados Unidos, pronunció las siguientes célebres palabras a los angustiados americanos de la era de la depresión: «En primer lugar, permítanme afirmar mi férrea creencia en que lo único que debemos temer es al miedo, que paraliza los esfuerzos necesarios para convertir la retirada en un avance». ¿Tenía razón Roosevelt? Cuando tratamos de persuadir al público, ¿el miedo paraliza, como sugería él, o motiva?

En su mayoría, los estudios han demostrado que los mensajes amedrentadores suelen estimular a sus destinatarios a actuar con vistas a disminuir la amenaza. Eso sí, esta regla general tiene una excepción importante, ya que cuando el mensaje del miedo describe un peligro y los receptores no son informados claramente de los medios específicos y eficaces para disminuirlo, puede que encaren la situación bloqueando el mensaje o rechazando que se refiera a ellos y, en consecuencia, acaben efectivamente paralizados y no emprendan ninguna acción.

En un estudio realizado por Howard Leventhal y otros colegas, unos estudiantes leyeron un folleto sanitario donde se detallaban los peligros de la infección del tétano. Algunos folletos estaban repletos de imágenes aterradoras de las consecuencias de contraer el tétano y sólo algunos estudiantes recibieron instrucciones concretas para solicitar una vacuna contra el tétano. Por último, existía un grupo de control con alumnos que no fueron informados de los peligros, sino únicamente de cómo concertar una vacuna. Pues bien, el mensaje más amedrentador motivó a sus destinatarios a solicitar una vacuna sólo cuando se incluía un plan específico con las acciones concretas que podían realizar para asegurarse una vacuna contra el tétano y, por lo tanto, reducir el miedo. Esta conclusión confirma la importancia de acompañar los mensajes de peligro con instrucciones concretas capaces de limitar el miedo, puesto que, cuanto más claros sean los medios conductuales de deshacerse del miedo, menos necesidad habrá de recurrir a recursos psicológicos como el rechazo.

Los resultados pueden aplicarse a los negocios y a otros ámbitos. Por ejemplo, las campañas de publicidad que informan a los clientes potenciales de las amenazas que los productos o servicios de su compañía pueden aliviar deben ir acompañadas en todos los casos de una serie clara de pasos específicos y eficaces para reducir el miedo. Y es que alarmar a los clientes para convencerles de que su producto o servicio puede ayudarlos con un problema potencial podría generar el efecto contrario y cimentarlos en la inacción.

Otra implicación de este estudio se refiere a que, si por alguna casualidad observa un problema grave en un proyecto de gran escala que haya asumido su organización, haría bien en acompañar su informe a la dirección con, al menos, un plan de actuación que se pueda adoptar para evitar un posible desastre. Si decide informar primero a la dirección y elaborar un plan posteriormente, es posible que la dirección ya haya encontrado la forma de bloquear el mensaje o se niegue a admitir que se refiera a ese proyecto en particular.

Concretamente, los profesionales sanitarios y comunicadores públicos deben ser muy conscientes de las implicaciones de este estudio. Un médico o una enfermera que deseen convencer a un paciente obeso para que adelgace y haga más ejercicio podrían explicar al paciente los peligros potenciales de no perder peso, aunque sólo si refuerzan ese mensaje con los pasos concretos y directos que el paciente puede tomar para conseguirlo, tal vez mediante una dieta específica y una tabla de gimnasia. Limitarse a advertir al paciente de que, si no pierde peso, se encuentra en situación de riesgo de contraer una enfermedad cardiovascular y la diabetes, probablemente sólo consiga infundir miedo y rechazo. Asimismo, en el caso de los funcionarios de servicio público, pintar un panorama espantoso de la repercusión de las conductas peligrosas, como el tabaquismo, el sexo sin protección o la conducción bajo los efectos del alcohol, puede resultar ineficaz (o incluso contraproducente) si no va acompañado de un buen plan de acción.

Dada la necesidad de compaginar los mensajes de peligro potencial con un plan claro, específico y de fácil aplicación, tal vez el comentario de Roosevelt debería corregirse para decir que lo único que debemos temer es al miedo en solitario.

9

¿Qué nos puede enseñar el ajedrez sobre la persuasión?

En abril de 2005, pese a la rotunda censura del gobierno estadounidense, el parlamento de una nación soberana votó por mayoría aplastante la concesión de la ciudadanía al ex campeón mundial de ajedrez y fugitivo de las leyes americanas Bobby Fischer. ¿Qué nación se arriesgaría a empeorar su relación con el país más poderoso del mundo para proteger a un proscrito excéntrico que elogiaba abiertamente a los secuestradores del atentado del 11 de septiembre de 2001? ¿Sería Irán? ¿Siria, tal vez? ¿O, quizá, Corea del Norte?

En realidad no fue ninguno de estos países, sino Islandia, un aliado leal tradicionalmente de Estados Unidos, cuyo parlamento votó unánimemente a favor de conceder la nacionalidad a Fischer. De todos los países en el mundo, ¿por qué estuvo Islandia tan dispuesta a recibir a Bobby Fischer con los brazos abiertos, sobre todo después de haber incumplido las sanciones de las Naciones Unidas jugando una partida de ajedrez de 5 millones de dólares en la antigua Yugoslavia?

La respuesta a esta pregunta nos obliga a remontarnos 30 años atrás, hasta una prominente partida de ajedrez entre Fischer y el campeón vigente, el maestro ruso Boris Spassky, en el Mundial de Ajedrez de 1972. Ninguna partida en la historia de este deporte había recibido jamás tanta publicidad internacional y el ajedrez cobró un tremendo impulso en todas partes. Aquella partida, celebrada en plena guerra fría, llegó a considerarse la más importante del siglo.

Con su típica excentricidad, Fischer no llegó a Islandia para la ceremonia de apertura y, durante varios días, parecía dudoso que la partida siquiera se fuera a celebrar, dada la imposibilidad de las autoridades para satisfacer las innumerables exigencias de Fischer, como prohibir las cámaras de televisión o cobrar un 30% de los ingresos generados por la audiencia. La conducta de Fischer estaba repleta de contradicciones, tal y como había sucedido a lo largo de su carrera de ajedrecista y de su vida privada. Finalmente, tras una sorpresiva duplicación del presupuesto y grandes dosis de persuasión, incluida una supuesta llamada telefónica del Secretario de Estado norteamericano Henry Kissinger, Bobby Fischer voló a Islandia y acabó ganando a Spassky con facilidad. Antes de terminar la competición, la noticia ya había ocupado las páginas de los periódicos nacionales e internacionales. En realidad, Islandia estuvo dispuesta a tolerar a un personaje tan polémico como Fischer porque, en palabras de un reportero islandés, «colocó a Islandia en el mapa internacional».

Por lo visto, el obsequio que Fischer había otorgado al aislado país fue considerado de tal magnitud que, treinta años después, los islandeses no lo habían olvidado. Un representante del Ministerio de Asuntos Exteriores islandés incluso declaró que Fischer había «participado allí en un evento bastante especial hacía más de treinta años pero la gente lo recuerda muy bien». Según el análisis de la BBC, los islandeses estaban «encantados de devolver el favor ofreciendo un refugio a Fischer», aunque a muchos les cayese antipático.

Aquel suceso recalca la importancia y la universalidad de la norma de la reciprocidad, que nos obliga a devolver a los demás lo que hemos recibido de ellos y que nos anima a ser justos en nuestras interacciones sociales cotidianas, operaciones comerciales y relaciones íntimas, y nos ayuda a aumentar la confianza en los demás.

El investigador Dennis Regan ha realizado un estudio clásico de la norma de la reciprocidad, según el cual las personas que recibieron un obsequio pequeño e imprevisto de un desconocido llamado Joe, en forma de una lata de Coca-Cola, le compraron el doble de papeletas de una rifa que los que no recibieron nada. Y eso sucedió a pesar de la diferencia temporal entre el obsequio y la solicitud, y pese a que Joe no hizo referencia alguna al obsequio original cuando ofreció la venta de los boletos.

Pero existe otro aspecto del experimento de Regan que arroja luz sobre la razón por la que el gobierno islandés se sintió obligado a corresponder a Fischer a cambio de lo que él había hecho por el país, aun tratándose de una figura tan controvertida. Curiosamente, y en contra de toda la información registrada sobre la típicamente rotunda asociación entre la simpatía y la conformidad, Regan descubrió que los que habían recibido una lata de refresco de Joe decidieron su compra totalmente al margen de si les caía bien o no. En otras palabras, entre los participantes que recibieron el obsequio, los que no sentían simpatía hacia Joe compraron la misma cantidad de papeletas que los que sí, lo que demuestra que los sentimientos de deuda que provoca el poder de la reciprocidad pueden superar a los efectos de la simpatía. El hecho de que la norma de reciprocidad presente un verdadero poder de permanencia y supere a la simpatía es revelador para cualquier persona que desee ser más persuasiva, además de suponer una buena noticia para las personas a quien un tercero solicite un favor extenso o costoso, y sin beneficios aparentes a corto plazo. En calidad de influenciadores informados y éticos, conviene que ayudemos a otras personas o hagamos concesiones en primer lugar, ya que, cuando ayudamos a un compañero de equipo, colega o conocido, estamos instigando una obligación social de ayuda o apoyo en el futuro. Y ofrecer ayuda a nuestro superior nos otorga una imagen colaboradora a sus ojos que nos puede ser muy útil cuando necesitemos su asistencia. Del mismo modo, el directivo que autoriza a un empleado a marcharse de la oficina un poco antes para una cita con el dentista está invirtiendo con mucho acierto en una persona que sentirá la necesidad de corresponder el gesto y, tal vez, quedarse hasta tarde la próxima vez que haga falta terminar un proyecto importante.

Con frecuencia cometemos el error, cuando necesitamos persuadir e influir en los demás para que nos ayuden, de preguntarnos quién lo puede hacer, un planteamiento que podría denotar falta de visión en el campo de la influencia. Por el contrario, sugerimos que sería más productivo preguntarnos a quién podemos ayudar nosotros, conscientes de que la norma de reciprocidad y la obligación social que impone a los demás otorgarán una mayor eficacia a nuestras futuras solicitudes. Si dirigir significa rematar tareas con la participación de otras personas, una red sana de colegas agradecidos, que se hayan beneficiado de alguna información útil, concesiones o incluso de un oído atento y amistoso, puede ser tremendamente útil para el directivo en el futuro. De la misma manera, nuestros amigos, vecinos, socios e incluso nuestros hijos responderán potencialmente más a nuestras peticiones si nosotros hemos hecho lo propio anteriormente.

Cabe señalar que existe un tipo concreto de persona para quien un pequeño favor significa mucho: los agentes de servicio al cliente. Si alguna vez le han cargado un importe incorrecto en la tarjeta de crédito, ha intentado realizar un cambio de última hora en un billete de avión o ha querido devolver algún producto, probablemente se habrá topado en un momento u otro con algún agente de servicio al cliente no demasiado atento. Para limitar las probabilidades de que vuelva a suceder, intente lo siguiente: si descubre nada más comenzar su interacción que el agente es especialmente amable, educado o servicial (tal vez antes de abordar su solicitud más complicada), dígale que está tan satisfecho con la atención recibida hasta ese momento que va a escribir una carta o correo electrónico elogiando su profesionalidad a su supervisor en cuanto cuelgue el teléfono. Una vez haya apuntado el nombre del agente y los datos de contacto de su supervisor, ya puede pasar a los asuntos más peliagudos. (También puede comentarle que está tan contento con el servicio que le gustaría que transfiriese la llamada a su supervisor cuando termine para poderle hacer un cumplido). Independientemente de las diversas razones psicológicas por las que esta estrategia puede ser eficaz, la norma de reciprocidad es un factor poderoso: usted se ha ofrecido a hacerle un favor a esa persona y ahora ella se sentirá obligada a devolvérselo. Por el módico precio de escribir un correo electrónico rápido al supervisor, puede evitar verse inmerso en una partida de ajedrez estratégico (y tal vez una guerra de gritos) con el agente que, en último término, conduzca a la decepción y la frustración. Siempre y cuando usted cumpla su promesa, la estrategia será ética y podrá ser efectiva.

10

¿Qué artículo de oficina tiene poder de influencia?

Si está leyendo esto sentado en su despacho, es probable que tenga la respuesta al alcance de la mano. ¿Qué podrá ser? ¿Los clips, los bolígrafos, los lapiceros, el cuaderno, el transportador, el planificador, el pisapapeles, la impresora...? Los cajones de su escritorio están repletos de objetos prácticos, pero ¿cuál tendrá poder de influencia?

El científico social Randy Garner se preguntó en una ocasión si las notas adhesivas (las más célebres son los Post-it de 3M) podrían ser capaces de mejorar el cumplimiento de una petición escrita enviada por otra persona. En un enigmático estudio, envió unas encuestas acompañadas o bien de una nota adhesiva manuscrita adherida a la carta de presentación, donde se solicitaba la cumplimentación de la encuesta, o de un mensaje manuscrito similar incluido en el texto de la carta de presentación, o bien la carta de presentación y la encuesta solamente.

Por lo visto, aquellos cuadrados amarillos escondían tanto poder de persuasión que el 75% de las personas que recibieron la encuesta con la nota adhesiva la cumplimentaron y la devolvieron, mientras que sólo el 48% del segundo grupo y el 36% del tercero hicieron lo mismo. ¿A qué se debe su éxito? ¿Tanto llaman la atención las notas adhesivas?

Ésa fue, precisamente, la pregunta que se planteó Garner y, para analizar esa posibilidad, envió una serie nueva de encuestas. Esta vez, un tercio de las encuestas contenían una nota adhesiva con texto manuscrito, otro tercio una nota adhesiva en blanco y el tercio restante no tenía nota adhesiva. Si la ventaja de las notas adhesivas no es más que su color amarillo neón, que atrae la mirada hacia el papel, los índices de respuesta deberían ser igualmente elevados en los dos grupos de encuestas con Post-it, pero no fue así. La nota adhesiva manuscrita desbancó a la competencia con un índice de respuesta del 69% frente al 43% de las notas en blanco y el 34% que carecían de ellas.

¿Cuál es la explicación? Pues, pese a que tomar un Post-it, pegarlo en una carta de presentación y escribir una nota manuscrita en él no supone demasiado trabajo, Garner sugiere que los demás reconocen efectivamente el esfuerzo añadido y el toque personal que representa, y sienten la necesidad de corresponderlo accediendo a la solicitud. Después de todo, la reciprocidad es el adhesivo social que une y mantiene unida a las personas en relaciones de cooperación y puede apostar que es más fuerte que el que encontrará en el anverso de las notas adhesivas.

En realidad, las conclusiones fueron más reveladoras todavía, ya que Garner descubrió que colocar una nota adhesiva personalizada en las encuestas no sólo convenció a los destinatarios para que las cumplimentaran, sino también a devolverla antes y a proporcionar respuestas más detalladas y consecuentes con las preguntas. Y, cuando el investigador escribió una nota más personal aún, añadiendo sus iniciales y la palabra «¡Gracias!» al final del mensaje, el índice de respuesta se disparó todavía más.

En términos generales, este estudio ofrece una información muy valiosa acerca del comportamiento humano, en el sentido de que, cuanto más se personalice una solicitud, más probabilidades hay de que la otra persona acepte. Más concretamente, nos enseña que en la oficina, en la comunidad o incluso en nuestra casa, una nota adhesiva personalizada puede recalcar la importancia de sus mensajes y comunicaciones, y evitar que se conviertan en la proverbial aguja en un pajar de mensajes, cartas y correos disputándose la atención. Incluso es probable que la prontitud y la calidad del cumplimiento de su solicitud mejoren también.

En conclusión, si utiliza mensajes personalizados en sus esfuerzos de persuasión, la compañía 3M no será la única beneficiada.

11

¿Por qué los restaurante deberían deshacerse de sus cestas de caramelos?

A menos que tengamos pensado ir a la caza de un vampiro, cuando terminamos una comida con mucho ajo a la mayoría nos alegra encontrar una cesta de caramelos a la salida del restaurante. Sin embargo, y pese al buen sabor de boca que sin duda nos deja, ¿es posible que ése no sea exactamente el lugar más goloso para el restaurante y los camareros?

Muchos restaurantes regalan caramelos de una forma distinta y mucho más efectiva, haciendo que el camarero los entregue en la mesa al final de la comida y, aunque no se trate más que de unas cuantas chocolatinas o caramelos sobre un plato junto con la cuenta, podría tratarse de una técnica increíblemente persuasiva.

El científico conductual David Strohmetz y unos colegas realizaron un experimento para determinar el efecto que ejerce sobre las propinas regalar una pequeña cantidad de dulces al final de la comida. En una de las condiciones de la prueba, al traer la cuenta, el camarero colocaba en el plato un caramelo por cada comensal. ¿Qué ocurría con la propina media de aquellos clientes en comparación con el grupo de control, que no recibió ningún caramelo? Los investigadores descubrieron un aumento en las propinas que, aunque no fue grande, no dejó de ser un incremento del 3,3%. En la segunda condición, el camarero colocó dos caramelos por comensal y, a pesar de que únicamente representaba un gasto de un céntimo por caramelo, las propinas fueron un 14,1% superiores que cuando no se entregó ninguno. Las conclusiones son razonablemente predecibles, teniendo en cuenta lo que sabemos acerca de la norma de reciprocidad (cuanto más nos dé una persona, más nos sentimos obligados a devolvérselo).

Pero, ¿qué factores maximizan la persuasiva de un regalo o favor? La tercera condición en el estudio nos da la respuesta.

En el tercer grupo, el camarero entregó un caramelo por cada persona sentada a la mesa y a continuación se marchó para volver, acto seguido, meterse la mano en el bolsillo y colocar sobre la mesa un segundo caramelo por cada comensal, como diciendo: «Para ustedes, porque son tan simpáticos, un caramelo más para cada uno». ¿El resultado? Un aumento del 23% en las propinas.

Este estudio sugiere tres factores que contribuyen a la persuasiva de un regalo o favor y, por lo tanto, aumentan las probabilidades de ser correspondido. El primer factor consiste en que el destinatario del obsequio considere importante el regalo. Entregar dos caramelos en lugar de uno tuvo el efecto de subir el incremento de las propinas del 3,3% al 14% y tenga en cuenta que por importante no queremos decir caro. De hecho, dos caramelos cuestan poco más que unos céntimos y, aun así, fíjese en el considerable elemento adicional del tercer grupo de estudio. Desde un punto de vista económico, las condiciones dos y tres fueron equivalentes, ya que en ambas los comensales recibieron dos caramelos al final de la comida y no hubo diferencias en la cantidad entregada, sino en la forma en que se entregó. Además, este dato implica otros dos factores que pueden añadir persuasiva a un regalo: el nivel de imprevisibilidad y personalización. Los comensales del tercer grupo probablemente concluyeron que, cuando el camarero les dio un caramelo a cada uno y se marchó, ésa iba a ser su última interacción con él (de ahí lo inesperado del regalo). Por otra parte, al dar a entender que sentía una simpatía especial hacia los comensales de aquella mesa, el camarero consiguió que el regalo del segundo caramelo pareciera personalizado.

Evidentemente, si los camareros utilizaran esta técnica en todas las mesas, no sólo los clientes los considerarían poco éticos, sino que la táctica no funcionaría durante demasiado tiempo, ya que en cuanto los clientes descubrieran que ocurría lo mismo en todas las mesas, el caramelo adicional ya no se consideraría importante, personalizado ni imprevisto, sino un truco ingenioso que acabaría perjudicando a los camareros. Sí que es posible, sin embargo, aplicar las lecciones de este estudio de una forma ética. Así, para garantizar que los demás aprecien cualquier obsequio que regale o favor que realice, tómese el tiempo necesario para encontrar algo personal, importante e imprevisto para el destinatario.

Aun teniendo en cuenta únicamente las conclusiones de las dos primeras condiciones de este estudio, observaremos que el restaurante que opta por colocar sus caramelos a la puerta puede estar desaprovechando una importante oportunidad de que los camareros entreguen una señal de gratitud a los clientes y reciban otra señal de gratitud a cambio. Y aunque los caramelos cuesten unos pocos céntimos cada uno, los camareros pueden demostrar a cada comensal que, para ellos, valen mucho más.

12

¿Cuál es el tirón de no tener ataduras?

Antes hemos comentado que la mayoría de los hoteles con programas de reutilización de toallas tratan de fomentar la participación de sus huéspedes recordándoles la importancia de conservar el medio ambiente. Otros hoteles, por el contrario, van un paso más allá en la creación de una atmósfera de colaboración y ofrecen un incentivo a cambio de la participación, anunciando a sus clientes que, si colaboran reutilizando las toallas, el hotel donará un porcentaje de su ahorro energético a una organización sin ánimo de lucro para la protección de la naturaleza.

Es lógico que a los creadores de estos programas les parezca que este tipo de incentivos son eficaces; al fin y al cabo, todos opinamos intuitivamente que los incentivos funcionan. Los conos de helado se llevan la palma a la hora de convencer a los niños para que recojan su habitación, las chucherías cuidadosamente espaciadas consiguen que incluso un perro viejo aprenda trucos nuevos y las nóminas tienen el poder de limitar el número de veces que apretamos el botón de repetir la alarma del despertador antes de levantarnos de la cama para ir al trabajo. En el caso de los hoteles, aunque los incentivos ofrecidos no benefician directamente a los huéspedes, aun así parece probable que fomenten la participación en el programa, dado el beneficio adicional al medio ambiente. Pero, ¿realmente funcionan?

Para descubrirlo, dos de nosotros llevamos a cabo otro estudio en el mismo hotel, aunque en este caso algunas tarjetas de reutilización de toallas contenían el típico mensaje ecológico y otras el planteamiento de la cooperación basada en incentivos. Al examinar los resultados, descubrimos que el nuevo llamamiento no supuso ninguna mejora respecto a la señal habitual de protección del medio ambiente. ¿Por qué?

Pese a los factores que podrían apoyar este tipo de planteamiento, en realidad existen razones de peso que justifican la necesidad de efectuar un pequeño cambio para que el nuevo mensaje sea más persuasivo que el tradicional. Después de todo, la obligación social de cooperar con alguien que nos ofrece algo sólo con la condición de que demos el primer paso es limitada, puesto que el intercambio se reduce a una transacción económica, por mucho que la sensación de obligación que encarna la norma de la reciprocidad de devolución de favores previamente recibidos sea enormemente poderosa. No es de extrañar, entonces, que el llamamiento a la cooperación basada en incentivos no fuera más efectivo a la hora de convencer a los huéspedes de que reutilizaran sus toallas que el original, dado que no contenía la obligación social de acceder a la solicitud, ya que el hotel no había hecho nada a cambio realmente.

Lo anterior sugiere que los hoteles que han adoptado un programa de reciclaje de toallas basado en incentivos aciertan en la idea de la cooperación pero se equivocan respecto a la secuencia. Considerando lo que sabemos en cuanto al funcionamiento de la norma de reciprocidad, tal vez una manera más eficaz de aumentar la participación en el programa sería revertir la secuencia de favores; en otras palabras, que el hotel entregara el donativo primero, sin ningún compromiso, y después pidiera a los huéspedes que se unieran reutilizando sus toallas. Esta idea fue la base de un tercer mensaje que incluimos en el estudio.

El tercer mensaje era similar al basado en incentivos, en el sentido de que hacía referencia a un donativo a una ONG para la protección del medioambiente aunque, en lugar de ofrecerse a entregarlo sólo a condición de que los huéspedes dieran el primer paso en su esfuerzo de cooperación, en esta ocasión se afirmaba que el hotel ya había donado una cantidad a la organización sin ánimo de lucro y que lo había hecho en nombre de sus huéspedes, a quienes solicitaba posteriormente la reciprocidad del gesto mediante la reutilización de sus toallas durante su estancia.

Extraordinariamente, el mensaje basado en la reciprocidad obtuvo un índice de reutilización de toallas un 45% superior que el basado en incentivos, un dato particularmente interesante si tenemos en cuenta que ambos llamamientos contenían prácticamente el mismo contenido, aunque transmitían mensajes bastante diferentes. Pese a que en ambos textos se informaba a los clientes de un donativo del hotel a una ONG para la protección del medioambiente, el mensaje basado en la reciprocidad anunciaba que el hotel había iniciado el esfuerzo conjunto y recurría a las fuerzas de la reciprocidad y la obligación social para incitar a la participación de sus huéspedes.

Coherentemente con los resultados de otros estudios de investigación, estas conclusiones dejan claro que cuando pretendemos solicitar la colaboración de otras personas (ya sean compañeros de trabajo, clientes, alumnos o conocidos), deberíamos ofrecer ayuda de una forma auténtica y completamente incondicional. Enfocar una relación potencialmente cooperativa de esta forma no sólo debería aumentar las probabilidades de obtener el consentimiento en primer lugar, sino que, además, garantiza que la cooperación recibida se apoye sobre unos cimientos sólidos de confianza y aprecio mutuo, en lugar de en un sistema de incentivos, mucho más endeble. También descubrirá que este planteamiento es mucho más duradero. Por el contrario, en el momento en que el incentivo que usted haya prometido o concedido no pueda ofrecerse o deje de ser interesante para la otra persona, la delicada base sobre la que se sustenta esa relación puede resquebrajarse y el puente que ha levantado probablemente se venga abajo.

13

¿Los favores son como el pan o como el vino?

En varios capítulos anteriores, hemos demostrado que ofrecer por adelantado un obsequio, servicio o favor da lugar a una obligación social de reciprocidad en el receptor. Independientemente de que se trate de información útil, un favor a un compañero de trabajo, una nota adhesiva personalizada en una solicitud o, como en el caso de Bobby Fischer, colocar a un país entero en el mapa, existe una obligación social de corresponder con la acción que hemos recibido. Pero, ¿qué ocurre con la influencia de estos obsequios y favores a medida que pasa el tiempo? ¿Los favores son como el pan y se *ponen rancios* en la mente del receptor, perdiendo valor con el tiempo, o son como el vino, que mejora y se revaloriza con la edad? Según el investigador Francis Flynn, la respuesta a esta pregunta depende de si usted es quien hace el favor o quien lo recibe.

Flynn llevó a cabo una encuesta entre los empleados del departamento de atención al cliente de una importante aerolínea estadounidense, un contexto empresarial muy particular, en el que los compañeros de trabajo suelen intercambiarse favores cubriéndose los turnos. El investigador pidió a la mitad de los empleados que pensaran en algún momento en que hubieran realizado un favor para un compañero, mientras la otra mitad debía considerar alguna ocasión en la que hubieran recibido un favor. A continuación, a todos los empleados que participaron en el estudio se les pidió que indicaran el valor percibido del favor y especificaran hace cuánto tiempo había tenido lugar. Los resultados del estudio revelaron que los receptores otorgaban el valor máximo al favor recibido inmediatamente después de que éste hubiera sucedido y restaban valor a medida que pasaba el tiempo. Los hacedores del favor, por el contrario, presentaban el efecto opuesto, confiriendo el valor mínimo nada más haberlo realizado y aumentado dicho valor paulatinamente.

Es posible que la memoria de los acontecimientos se distorsione con el tiempo y, dado que todos tendemos a pensar lo mejor de nosotros mismos, los receptores tal vez piensen que en realidad no necesitaban tanta ayuda en aquel momento, mientras que los hacedores opinan que habían dado lo mejor de sí.

Estas conclusiones repercuten en la efectividad de nuestra capacidad de persuasión tanto dentro como fuera del lugar de trabajo. Piense que, por ejemplo, si le ha hecho un favor a un compañero o conocido, el deseo de esa persona a corresponderle probablemente será mayor durante un plazo breve y si, por el contrario, usted es el receptor de un favor, será más propenso a restarle importancia con el paso del tiempo. Por ese motivo, no reconocer el valor íntegro del favor al cabo de varias semanas, meses o incluso años puede acabar perjudicando su relación con la persona que se lo ha hecho. Por otro lado, si usted es quien ha hecho el favor, tenderá a pensar mal del receptor, dada su reticencia a corresponder su gesto. ¿Qué podemos hacer para maximizar el valor de los favores que hacemos, teniendo en cuenta que disminuyen en la opinión del receptor con el paso del tiempo? Una opción sería reconocer el valor del obsequio o favor que usted haya entregado en el preciso momento de hacerlo, comunicándole al receptor que está encantando de ayudar porque sabe que, si la situación se revirtiera alguna vez, está convencido de que él haría lo mismo por usted.

Una estrategia alternativa, aunque potencialmente más arriesgada, sería reafirmar el valor del obsequio previo emitiendo una solicitud posterior en el futuro. Evidentemente, si opta por esta técnica deberá meditar cuidadosamente las palabras que utilice, evitando comentarios abocados al fracaso, como: «¿Te acuerdas cuando te ayudé, hace un par de semanas? ¡Pues ahora ha llegado el momento de devolverme el favor!». Sin embargo, un discreto recordatorio, como: «¿Te fue útil el informe que te envié?», puede ser un preámbulo perfecto antes de hacer su petición.

Aunque no existe ningún método universal que garantice la influencia en los demás en el 100% de los casos, no nos cabe duda de que conocer todos los factores que afectan a la valoración de los favores es un buen comienzo. Y, si todo lo demás falla, recuerde una sencilla regla del intercambio de favores: del mismo modo que se cazan más moscas con miel que con vinagre, se ganará muchos más favores con una botella de vino añejo que con una barra de pan de hace una semana.

14

¿Por qué un pequeño paso es un primer éxito?

Imagínese que vive en una urbanización de viviendas unifamiliares de lujo, el tipo de vecindario donde sus residentes se enorgullecen de sus setos inmaculados, céspedes perfectos y cercas blancas recién pintadas. A las inmobiliarias no les cuesta nada vender casas allí, sino que probablemente tengan una lista de espera de compradores deseosos de mudarse. Suponga también que, un buen día, un empleado del Comité de Seguridad de Tráfico llama a su puerta y le pregunta si estaría dispuesto a apoyar la campaña «Conduzca con prudencia por nuestro vecindario», colocando una señal de 1x2m con el lema «Conduzca con prudencia» en su jardín de entrada. Por mucho que le asegure que usted no tendrá que cavar los hoyos donde se clavarán los postes de la valla, porque mandarán obreros para hacerlo, lo más lógico es que no termine de convencerle la idea…

¿Cuántas personas cree que accederían a una petición de estas características? En un experimento desarrollado por los psicólogos sociales Jonathan Freedman y Scott Fraser, lo hizo el 17% de los propietarios de una elegante zona residencial como la que he descrito antes, aunque lo más sorprendente fue que los investigadores consiguieron una aceptación del 76% en otro grupo de residentes con sólo añadir un cambio aparentemente insignificante a la petición. ¿Qué fue lo que añadieron y cómo nos enseña a mejorar la eficacia de nuestra capacidad de persuasión?

Otro ayudante investigador visitó a los propietarios de un grupo distinto de viviendas dos semanas antes de comunicarles la onerosa petición, para preguntarles si estarían de acuerdo en colocar en una ventana de la casa una señal muy pequeña, que prácticamente pasaba desapercibida, con el lema: «Conduzca con prudencia». Al tratarse de una petición tan sencilla, casi todos los propietarios accedieron y dos semanas después, cuando otro representante se pasó por las casas para preguntar si consentirían en colocar la espantosa valla en sus impolutos jardines, estuvieron mucho más dispuestos a acceder.

¿Por qué una solicitud adicional tan sencilla, dentro de una estrategia que los investigadores denominan «la técnica del pie en la puerta», mejoró tan asombrosamente la aceptación de la solicitud más seria? Los datos demuestran que las personas que aceptaron colaborar la primera vez acabaron convenciéndose de su compromiso con una causa tan digna como la prudencia al volante y, al cabo de medio mes, se sentían motivadas para actuar en consonancia con esa nueva faceta de ciudadanos comprometidos.

Las aplicaciones de la técnica del pie en la puerta son infinitas, también en el ámbito de las ventas. Un experto en ventas explica que «en general, se trata de preparar el terreno para la distribución de líneas completas empezando con un pedido pequeño. Piense que, cuando una persona ha firmado un pedido de su mercancía, aunque el beneficio sea tan pequeño que apenas compense el tiempo y el esfuerzo de hacer la llamada, ha dejado de ser un cliente potencial; ahora es un cliente».

En los casos en que una empresa no es capaz de garantizar ni siquiera una pequeña compra inicial de producto, la estrategia del compromiso y la coherencia puede aplicarse de formas distintas. Por ejemplo, los clientes potenciales reacios a hacer uso de sus servicios puede que se sientan más inclinados a ello si, en primer lugar, les pide que den un paso pequeño, como acordar una reunión de diez minutos.

Del mismo modo, un departamento de investigación mercadológica tendrá más probabilidades de que la gente responda a un gran número de preguntas en una encuesta si primero les pide su consentimiento para responder a una encuesta breve, como lo confirman las conclusiones de otro experimento que llevaron a cabo Freedman y Fraser. En aquel estudio, un ayudante investigador telefoneó a varios propietarios para preguntarles su disposición a participar en una encuesta. Concretamente, les dijo lo siguiente:

«La encuesta incluye una visita de cinco o seis empleados nuestros, que acudirán a su casa por la mañana durante unas dos horas para catalogar todos los productos domésticos que posea. Necesitarán completa libertad en el interior de su vivienda para abrir los armarios y trasteros. Después, toda la información quedará plasmada en unos informes para nuestra publicación de servicio público, La Guía».

En respuesta a una solicitud tan molesta como ésa, el 22% de los propietarios accedieron (un dato sorprendente, teniendo en cuenta que este grado de indiscreción suele requerir una orden de registro).

Tres días antes, los investigadores llamaron a un segundo grupo de residentes y les plantearon la siguiente solicitud, a la que accedieron en su mayoría:

«Con esta llamada nos gustaría preguntarle si estaría dispuesto a contestar a una serie de preguntas sobre los productos domésticos que utiliza para que podamos introducir esa información en nuestra publicación de servicio público, La Guía. *¿Está de acuerdo con facilitarnos esta información para nuestra encuesta?».*

¿Qué ocurrió tres días después? Casi el 53% de aquellos propietarios accedió a la solicitud principal.

Este planteamiento es aplicable también a dos de los objetivos más implacables con los que se enfrentará a lo largo de su vida: sus hijos y usted mismo. A los niños reticentes, muy hábiles a la hora de encontrar excusas para no hacer los deberes o recoger su habitación, se les puede persuadir más fácilmente si, antes, se les pide que den un pequeño paso en la misma dirección, por ejemplo pidiéndoles que dediquen un poco de tiempo a hacer los deberes con usted, o que recojan su juguete favorito cada vez que terminen de jugar con él. Siempre y cuando piensen que han accedido voluntariamente (no coaccionados) a la primera petición, el impulso psicológico debería propulsarlos hacia el éxito académico y una vida doméstica ordenada.

En cuanto a influir en uno mismo, en lugar de marcarse una meta amplia y aparentemente insuperable para mejorar, como por ejemplo su forma física, es más recomendable imponerse una tarea lo suficientemente pequeña que impida cualquier excusa de realizarla al menos una primera vez (por ejemplo, dar una vuelta a la manzana andando). Como resultado, descubriremos que nuestro nivel de compromiso aumenta gradualmente respecto a los objetivos físicos superiores. Ya lo decía Confucio: un viaje de mil millas se empieza dando un solo paso. Tal vez sea la única manera de levantarnos del sofá y empezar a dar zancadas.

15

¿Cómo convertirse en un maestro Jedi de la influencia social?

Hace mucho tiempo (un cuarto de siglo, para ser exactos), en una galaxia muy lejana, Luke Skywalker alcanzó la cima de la persuasión al convencer a Darth Vader de que se volviera en contra del malvado emperador, salvando su propia vida y restituyendo la paz y la esperanza en la galaxia. ¿Qué principio de la influencia social le garantizó el éxito y cómo puede aplicarlo a su intención de convertirse en una gran fuerza dentro de su sector?

El último episodio de la saga de *La guerra de las galaxias, El retorno del Jedi,* incluye una escena en la que Luke Skywalker se dirige a Darth Vader y dice: «Sé que queda algo de bondad en ti. Hay bondad en ti. Lo noto». ¿Es posible que estas sencillas palabras hayan podido persuadir a Vader (o, cuando menos, hayan plantado las semillas de la persuasión) para pasarse al lado de la luz? Si nos fijamos en los estudios de la psicología social, parece ser que sí.

La estrategia a la que obedecen estas palabras, conocida como la técnica del encasillamiento, consiste en asignar un rasgo, actitud, creencia u otra etiqueta a una persona para, a continuación, formular una petición coherente con ella. En una eficaz demostración de esta estrategia, los investigadores Alice Tybout y Richard Yelch corroboraron que la técnica del encasillamiento era capaz de incrementar la probabilidad de que los votantes acudieran al colegio electoral el día de las elecciones. Entrevistaron a un gran número de votantes potenciales y, aleatoriamente, a la mitad les dijeron que, a partir de sus respuestas, les podían definir como «ciudadanos por encima de la media en propensión al voto y a la participación en política». A la otra mitad se les informó de que se encontraban más o menos en el término medio en cuanto a sus intereses, creencias y conductas. Los entrevistados encasillados de buenos ciudadanos y propensos a votar no sólo empezaron a creerse mejores ciudadanos que la media, sino que, además, tenían un 15% más de probabilidades de votar en las elecciones que se iban a celebrar una semana después.

Como es obvio, la técnica del encasillamiento no se limita al ámbito político en términos de elegir al próximo dirigente o, en el caso de Luke Skywalker, derrocar al emperador, sino que existen multitud de aplicaciones en las transacciones comerciales y de otra índole. Supongamos, por ejemplo, que un miembro de su equipo está teniendo muchos problemas con un proyecto concreto que usted le ha encargado y, tal vez, esté perdiendo la confianza en sus capacidades para llevarlo a término. Un planteamiento útil, suponiendo que usted le crea capacitado para la tarea, sería recordarle lo trabajador y perseverante que es, e incluso darle ejemplos de ocasiones anteriores en las que haya superado retos similares y salido de ellos con éxito. Los maestros, entrenadores y padres pueden aplicar la estrategia del encasillamiento para inculcar las conductas deseadas, haciendo hincapié en que su público respectivo es, precisamente, el tipo de persona que se crece con ese tipo de desafíos, aunque esta estrategia funciona igualmente en niños y en adultos. Por ejemplo, en la investigación que uno de nosotros desarrolló con varios colegas quedó demostrado que cuando los profesores les dicen a sus alumnos que parecen el tipo de estudiante que se preocupa por tener una buena letra, los niños dedican más tiempo libre a practicar, incluso cuando pensaban que nadie los estaba mirando.

Este método también permite fortalecer la relación de una empresa con sus clientes. Seguramente le resulte familiar la manera en que las líneas aéreas se han aprovechado de este principio, cada vez que un auxiliar de vuelo les dice a los pasajeros al llegar al destino que: «Somos conscientes de que podían escoger entre muchas líneas aéreas y por eso les agradecemos que hayan elegido la nuestra». Al decir esto está aplicando la técnica del encasillamiento, recordando implícitamente que, si hay tantas líneas para escoger, habrán elegido la suya por alguna razón. Una vez asignada la etiqueta de la confianza en esa aerolínea en particular, los pasajeros se sentirán más confiados en su decisión (y en la aerolínea). Del mismo modo, puede emplear esta técnica para recordar a sus clientes que su decisión de tratar con su empresa demuestra su confianza en su compañía y en usted, y que lo aprecia y no los va a defraudar.

Recuerde, sin embargo, que por muy tentador que resulte pasarse al lado oscuro de esta estrategia, como toda técnica de persuasión debe usarse éticamente en todo momento o, lo que es lo mismo, sólo cuando el rasgo, actitud, creencia u otra etiqueta refleje fielmente las capacidades, experiencias o personalidad de su público, aunque estamos convencidos de que jamás se le ocurriría emplear esta estrategia de forma poco ética porque percibimos que hay mucha bondad en usted.

16

¿Cómo puede una sencilla pregunta aumentar radicalmente el apoyo hacia usted y hacia sus ideas?

Cualquier político le dirá que, durante las campañas electorales, los candidatos se ven sometidos a una tensión tremenda, al tener que convencer al electorado de sus cualidades y, además, conseguir que sus votantes acudan a las urnas el día de las elecciones. En Estados Unidos, algunos candidatos se gastan más y más dinero en anuncios de televisión, envios de publicidad por correo y apariciones en los medios, pero el candidato realmente astuto (y que seguramente gane) pensará en echar mano no sólo del arte, sino también de la ciencia de la persuasión.

Un ejemplo rotundo de las elecciones presidenciales del año 2000, en la que apenas 537 votos marcaron la diferencia, confirma que somos más conscientes que nunca de que cada voto cuenta. Durante aquellas infames elecciones, donde los medios y todo el país se centraron en un sinfín de polémicas, hasta el mínimo empujón a votar a uno u otro podría haber afectado mucho a los resultados.

¿Qué sencilla estrategia podría haberse utilizado para que fueran a votar los electores de cualquier ideología política?

La respuesta es, sencillamente, pedir a los votantes potenciales que pronostiquen si van a votar el día de las elecciones y que razonen su predicción. Cuando el científico social Anthony Greenwald y sus colegas probaron esta técnica con votantes potenciales en la víspera del día de elecciones, los entrevistados que tuvieron que dar un pronóstico acudieron a votar un 25% más que los que no tuvieron que hacerlo (el 86,7% frente al 61,5%).

Esta técnica se compone de dos fases psicológicas importantes. En primer lugar, cuando se pide a una persona que prediga si va a hacer gala de una conducta socialmente deseable en el futuro, se sentirá obligada a responder afirmativamente porque así es como se obtiene la aprobación social en esas circunstancias. Teniendo en cuenta la importancia que otorga la sociedad al hecho de acudir a las urnas, a los entrevistados les resultaría enormemente difícil contestar que, en realidad, tenían previsto quedarse en casa viendo un programa de televisión sobre responsabilidades cívicas. Por eso no sorprende que, en este estudio, el 100% de los encuestados a quienes se les pidió que dieran un pronóstico sobre su participación electoral aseguraron que, por supuesto, irían a votar.

En segundo lugar, una vez que la mayoría de las personas (o todas) hayan afirmado públicamente que llevarán a cabo una conducta socialmente deseable, se sentirán motivadas a actuar en coherencia con el compromiso que acaban de contraer. En otro ejemplo, el propietario de un restaurante redujo considerablemente el porcentaje de personas que reservaban una mesa pero no hacían honor a la reserva y tampoco llamaban para cancelarla, pidiendo a la recepcionista que cambiara la frase que decía al anotar una reserva («Por favor, llámenos si tiene que cancelar su reserva») por: «¿Nos llamará si tiene que cancelar su reserva, por favor?». Como es natural, prácticamente todos los clientes se comprometieron a hacerlo, respondiendo que sí a esa pregunta. Más importante todavía es que, después, sintieron la necesidad de cumplirlo y el índice de reservas ausentes sin cancelar se redujo del 30% al 10%.

Por lo tanto, un método sencillo para que los candidatos animen a más votantes a acudir a su cita con las urnas es pedir a los voluntarios que llamen a los supuestos partidarios y les pregunten si van a votar en las próximas elecciones, a la espera de oír un sí. Si el voluntario, a continuación, añade: «En ese caso, le pondré en el grupo de los síes y se lo diré a los demás», el compromiso contendrá tres rasgos capaces de reforzar su cumplimiento, al ser voluntario, activo y público.

¿Qué lecciones podemos extraer y aplicar con eficacia en el lugar de trabajo y en la comunidad en general? Pongamos que estuviera pensando en ofrecerse a hacer una colecta para su ONG favorita pero no quiera apuntarse para colaborar hasta estar bastante seguro de conseguir muchos donativos. Si pregunta a familiares, amigos y compañeros de trabajo si van a hacer un donativo, no sólo se hará una idea del apoyo inicial para su propia seguridad, sino que, además, aumentará la probabilidad de que efectivamente hagan el donativo si al final decide realizar la colecta.

En otro ejemplo de esta estrategia, imagine que dirige un equipo de personas y se da cuenta de que el éxito de una nueva iniciativa no depende únicamente de conseguir el apoyo verbal de los demás en su equipo, sino también de convertir ese apoyo en acciones. En lugar de limitarse a explicar a los componentes del equipo los beneficios que les va a reportar el apoyo de una iniciativa concreta, pregúnteles si estarían dispuestos a apoyar una iniciativa así, y ya verá cómo le dicen que sí. Una vez le hayan dado su consentimiento, pídales que describan sus motivos para apoyar la iniciativa.

Cualquiera que sea su puesto de trabajo, ya sea directivo, profesor, vendedor, político o recaudador de fondos, creemos que si emplea esta técnica, además, obtendrá otro voto importante: un voto rotundo de confianza en su trabajo.

17

¿Cuál es el ingrediente del compromiso duradero?

Amway Corporation, una de las empresas de venta directa más rentables de Estados Unidos, anima a su personal de ventas a llegar a lo más alto de la siguiente manera:

> *«Un último consejo antes de empezar: márquese un objetivo y escríbalo. Cualquiera que sea, lo importante es que lo defina, para tener algo a lo que aspirar, y que lo escriba. Escribir las cosas tiene un efecto mágico, así que márquese un objetivo y escríbalo. Y, cuando lo alcance, márquese otro y escríbalo. No habrá quién le pare».*

¿Por qué será tan eficaz escribir los objetivos a la hora de reforzar el compromiso, incluso si el contenido de lo que escribimos sigue siendo privado?

Sencillamente, porque los compromisos adquiridos activamente tienen más poder de permanencia que los que se toman de forma pasiva. En una reciente demostración tanto del poder como de la sutileza de los compromisos activos, los científicos sociales Delia Cioffi y Randy Garner solicitaron voluntarios universitarios para un proyecto educativo sobre el SIDA que se iba a realizar en los colegios de la localidad. Los investigadores diseñaron el estudio de forma que a los alumnos se les ofrecieran dos tipos de instrucciones distintas. A los que recibieron las instrucciones activas se les dijo que si querían ser voluntarios tenían que indicarlo en un formulario, escribiendo que estaban dispuestos a participar. Por el contrario, a los que recibieron las instrucciones pasivas se les pidió que, si querían ser voluntarios, dejaran en blanco el formulario, sin indicar si estaban dispuestos a participar.

Los investigadores descubrieron que el porcentaje de personas que aceptaron participar no variaba en función de si las instrucciones invitaban a una respuesta activa o pasiva, aunque se observó una diferencia asombrosa en el porcentaje de personas que efectivamente se presentaron para participar varios días después. De entre los estudiantes que aceptaron pasivamente, sólo apareció el 17%. ¿Y qué hay de los que se comprometieron a participar de una forma activa? De ellos, el 49% cumplió su promesa. En general, la amplia mayoría de los que se presentaron según lo previsto (el 74%) pertenecían al grupo que había acordado activamente participar en el programa.

¿Cuál es la razón de que los compromisos escritos (y, por lo tanto, activos) tengan mucho más éxito cuando se trata de fomentar la participación? Las personas emiten juicios sobre sí mismas a partir de su observación de los propios actos y aprenden más observando lo que hacen que lo que dejan de hacer. Coherentemente con esta explicación, Cioffi y Garner descubrieron que las personas que se ofrecieron activamente tendían más a achacar sus decisiones a sus rasgos, preferencias e ideales personales que los que hicieron lo mismo de una forma pasiva.

¿Cómo pueden ayudarle los compromisos activos en sus esfuerzos de persuasión? Pensemos en una época del año donde muchos solemos hacernos una promesa muy concreta: el Año Nuevo. Escribir y describir con detalle sus buenos propósitos, en lugar de pensarlos nada más, y definir los pasos que va a tomar para lograr su objetivo podría serle de gran utilidad, especialmente si, a continuación, comparte sus compromisos escritos con amigos y familiares.

Si usted es jefe de ventas, pedir a los componentes de su equipo que escriban sus objetivos contribuirá a reforzar el compromiso y, a la larga, mejorará los resultados para todos. Del mismo modo, es conveniente que los asistentes a una reunión pongan por escrito y compartan en público las medidas que hayan acordado tomar.

En el sector minorista existe un ejemplo habitual que ilustra mejor aún el poder de la escritura. Muchos comercios ofrecen a sus clientes la oportunidad de distribuir los pagos de sus productos durante varios meses o incluso años, contratando una tarjeta de cliente o mediante otro producto de financiación. Pues bien, se ha descubierto que los clientes tienen menos probabilidades de cancelar el acuerdo si son ellos, y no el vendedor, quien rellena el formulario de solicitud. Como demuestran estos resultados, para maximizar el compromiso hacia las iniciativas que asuma junto con clientes y socios empresariales, haga lo posible por que todas las partes implicadas cumplimenten de forma activa todos los documentos correspondientes.

Los compromisos activos también tienen un tremendo potencial de éxito en el sector de la salud. Por ejemplo, desde hace unos años los organismos sanitarios se quejan de que cada vez más pacientes no se presentan a sus citas con el médico. De hecho, un estudio del Servicio Nacional de Salud estadounidense asegura que, en un solo año, se perdieron siete millones de citas médicas, una cifra asombrosa y con importantes implicaciones económicas y sanitarias. ¿Cómo se podría mitigar este problema a través del compromiso activo? Por lo general, cuando pedimos cita en un hospital (independientemente de que sea una visita rutinaria o una operación quirúrgica seria) el recepcionista o administrador de la unidad escribe la fecha y la hora en una tarjeta, dentro de una rutina en la que el papel de paciente es pasivo, no activo. Si, por el contrario, se pide al paciente que rellene la tarjeta él mismo debería demostrar ser una estrategia efectiva y barata para reducir el número de plantones.

Por último, y como ocurre con muchas de las técnicas que planteamos en este libro, los compromisos activos también pueden resultar de utilidad para suscitar el cumplimiento en la vida privada. Por ejemplo, una acción pequeña pero significativa, como pedir un compromiso por escrito a nuestros hijos, vecinos, amigos, cónyuges o incluso a nosotros mismos, suele marcar la diferencia entre ser capaces de influir en otras personas y pedir compromisos que los demás tienen toda la intención del mundo de cumplir pero que, por alguna razón, no lo acaban haciendo.

18

¿Se puede luchar contra la coherencia con coherencia?

Oscar Wilde aseguraba que «la coherencia es el último refugio de los faltos de imaginación» y un igualmente desdeñoso Ralph Waldo Emerson decía que «la coherencia estúpida es el duende de las mentes menores». También Aldous Huxley señaló que «los únicos verdaderamente coherentes son los muertos». ¿Por qué es más probable que estos famosos autores hubieran hecho públicas las afirmaciones anteriores en plena juventud alocada y no en la sabia ancianidad, y qué significado puede tener para sus esfuerzos de persuasión?

Pese a lo que opinaran esos autores y, como ya hemos apuntado en este libro, las personas suelen preferir que sus conductas guarden coherencia con sus actitudes, afirmaciones, valores y acciones previas, si bien es cierto que esta tendencia va cambiando con la edad. Junto a la investigadora principal Stephanie Brown y otro colega, uno de nosotros realizó un estudio donde quedó demostrado que esa tendencia hacia la coherencia aumenta con cada cumpleaños. Tal vez se deba a que la incoherencia puede resultar bastante molesta y la gente mayor suele estar más motivada a evitar experiencias emocionalmente incómodas.

En cualquier caso, las conclusiones del estudio son de vital importancia cuando se pretende influir en las personas de más edad. Suponga, por ejemplo, que trabaja para una empresa que está intentando comercializar una serie de productos nuevos dirigidos a un público maduro. Pues bien, el estudio sugiere que este grupo concreto se muestra más reticente al cambio que los demás, ya que los cambios les hacen pensar que sus acciones son incoherentes respecto a sus compromisos previos. En este caso, haría bien en centrar sus mensajes en cómo la compra y utilización del producto son coherentes con los valores, creencias y hábitos preexistentes de su público. Esta misma lección es aplicable a otros campos, como a la hora de convencer a un veterano de un equipo de trabajo para que se pase a un sistema nuevo, o incluso para conseguir que sus ancianos padres se tomen la medicación.

Pero, ¿las personas realmente renuncian a sus antiguas conductas con tanta facilidad? (Simplemente informándoles de que las nuevas conductas que sugerimos son coherentes con sus valores, creencias y hábitos previos). No olvidemos que, desde su punto de vista, mantenerse coherentes con sus decisiones probablemente sea lo más adecuado y todos sabemos lo frustrante que puede resultar el trato con personas incoherentes por naturaleza, que cambian constantemente de opinión y que se dejan influir fácilmente por la última información que les llega.

Tratar con personas así exige algo más que limitarnos a indicar que nuestra propuesta encaja con las prioridades que han mantenido hasta ahora. Para garantizar que nuestro mensaje sea efectivamente persuasivo, no sólo estamos obligados a liberarlos de su compromiso anterior, sino también a no tachar de error aquella decisión. Tal vez, la forma más productiva consista en alabar la decisión previa y considerarla correcta en aquel momento, puesto que, calificando esas decisiones anteriores como correctas dada la información de que disponían entonces, podemos conseguir liberarlos de su compromiso y centrarlos en nuestra propuesta sin necesidad de que se sientan ridiculizados ni incoherentes.

Una vez haya establecido su afirmación pre-persuasiva, el siguiente mensaje, aún en coherencia con sus valores, creencias y hábitos globales, podrá echar a volar. Del mismo modo que un pintor prepara el lienzo antes de pintar, un profesional de la medicina ultima el equipo quirúrgico antes de una operación o un entrenador deportivo anima a su equipo antes de un partido, los mensajes persuasivos también requieren preparación y, en ocasiones, esa preparación exige no sólo considerar el tono del mensaje sino, además, prestar atención a los mensajes y las reacciones anteriores. Como dice el refrán, para montar a caballo no hay nada mejor que dejar que el caballo nos guíe. Y es que con sólo ponernos en su misma dirección, es posible gobernarlo lenta y deliberadamente para que gire hacia donde nosotros queramos. Si intenta tirar del caballo en la dirección deseada demasiado pronto, terminará agotado y probablemente sólo consiga alterar al caballo en el camino.

19

¿Qué consejo persuasivo podemos aprender de Benjamin Franklin?

Nacido en 1706, Benjamin Franklin es conocido por ser un gran autor, político, diplomático, científico, editor, filósofo e inventor, y por crear en su faceta política, tal vez más que en las demás, la idea de la nación americana. Como diplomático durante la Revolución Americana, garantizó la alianza francesa que hizo posible la independencia; como científico fue una figura principal gracias a sus descubrimientos y a sus teorías de la electricidad; como inventor fue el responsable de la creación de las lentes bifocales, el cuentakilómetros y el pararrayos. Y, sin embargo, fue su forma de ganarse el respeto de la oposición (molestando, nada menos) lo que supuso probablemente el descubrimiento más electrizante de todos.

Durante su etapa en la asamblea legislativa de Pensilvania, le incomodaba profundamente la firme oposición política y la hostilidad de otro legislador. Leamos en sus propias palabras cómo se propuso ganarse el respeto e incluso la amistad de aquella persona:

> *«Sin embargo, no me propuse ganarme sus favores granjeándole un respeto servil, sino que, después de un tiempo, adopté otro método. Habiendo oído que disponía en su biblioteca de cierto ejemplar raro y curioso, le envié una nota comunicándole mi deseo de leerlo detenidamente y le pedí el favor de prestármelo durante algunos días. Él me lo mandó inmediatamente y yo se lo devolví al cabo de una semana con otra nota transmitiéndole firmemente mi agradecimiento. La siguiente vez que coincidimos en la Asamblea, me habló (algo que no había hecho anteriormente) y, además, con gran civismo. Desde entonces, manifestó su disposición a atenderme en cualquier*

ocasión para que pudiésemos llegar a ser grandes amigos y nuestra amistad perduró hasta su muerte. Es un ejemplo más de la veracidad de una antigua máxima que aprendí y que dice así: 'quien le haya hecho un favor alguna vez será más propenso a hacerle otro, que aquél a quien usted haya complacido'».

Muchos años después, los investigadores conductuales Jon Jecker y David Landy se propusieron averiguar si Franklin tenía razón y diseñaron un estudio en el que los participantes ganaban cierta cantidad de dinero del investigador en un concurso. Posteriormente, el investigador se puso en contacto con un grupo de participantes para preguntarles si estarían dispuestos a devolverle el dinero porque había empleado sus propios fondos y se estaba quedando sin capital (casi todos aceptaron). El otro grupo de participantes no volvió a saber nada hasta que se envió a ambos grupos una encuesta anónima sobre su opinión del investigador.

¿Los resultados del experimento apoyaron la estrategia de Franklin, por muy ilógica que parezca? Efectivamente: Jecker y Landy descubrieron que los participantes a quiénes se les había pedido el favor valoraban al investigador más positivamente que los que no recibieron la solicitud de devolver el dinero.

¿Por qué? A raíz de otros estudios, sabemos que las personas sienten una gran motivación a cambiar sus actitudes de una forma coherente con sus conductas. Por esa razón, cuando el adversario de Franklin se descubrió haciendo un favor a alguien a quien no tenía afecto, debió de preguntarse: «¿por qué estoy esforzándome por ayudar a una persona que ni siquiera me cae simpática? Tal vez, Franklin no sea tan indeseable después de todo. Si lo pienso bien, es posible que incluso tenga alguna virtud...».

La estrategia de Franklin se presta a la gestión de las relaciones en toda clase de contextos. Por escoger uno de ellos, pensemos en la frecuencia con que necesitamos ayuda de un compañero de trabajo, vecino o conocido que, por una u otra razón, no tiene una opinión demasiado favorable de nosotros. Nos resistimos a pedirle el favor por miedo a caerle todavía peor y tendemos a posponer el mal trago, retrasando potencialmente el cumplimiento de la tarea dentro del plazo. Las conclusiones de este estudio, sin embargo, sugieren que las dudas son injustificadas.

Evidentemente, cuando se trata de una persona grosera, pedir un favor puede parecer bastante osado, pero piense que si actualmente su comunicación con esa persona se reduce a la nada, lo peor que puede suceder es que acabe como estaba. Inténtelo, porque verdaderamente no tiene nada que perder.

20

¿Cuándo se llega lejos pidiendo poco?

Se supone que fue alguien de muy corta estatura quien dijo que las cosas buenas vienen en envases pequeños, aunque, fuera quien fuera el que acuñó esta frase, salta a la vista que comprendía el poder de pensar a lo grande y actuar en pequeño.

A lo largo de este libro, hemos tratado de ofrecer pruebas que sustentan nuestras teorías para convencer satisfactoria y éticamente a otras personas a decir que sí, aunque en determinadas situaciones y contextos no está de más comprender por qué se rechazan peticiones razonables, como por ejemplo los donativos a una ONG legítima.

Eso fue, precisamente, lo que uno de nosotros se propuso investigar junto con otros colegas. Creíamos que, cuando una persona recibe una petición de donativo, hasta los que desearían apoyar a la ONG de alguna manera responden que no porque no pueden permitirse donar mucho dinero y presuponen que la pequeña cantidad que podrían entregar no contribuiría demasiado a ayudar a la causa. Basándonos en ese razonamiento, pensamos que una forma de animar los donativos en este contexto sería informar que hasta la cantidad más pequeña es útil, legitimando así básicamente los donativos pequeños.

Para probar la hipótesis, nuestros ayudantes de investigación solicitaron de puerta en puerta donativos para la Asociación Americana del Cáncer. Después de presentarse, preguntaron a los habitantes de cada casa si estarían dispuestos a ayudar entregando un donativo. Para la mitad de los encuestados, la petición acabó ahí, mientras que a la otra mitad el ayudante añadía: «incluso un centavo sería de ayuda».

Al analizar los resultados, descubrimos que aquel minúsculo disco de cobre y zinc valía su peso en oro persuasivo, ya que, consecuentemente con nuestra hipótesis, la mitad de la muestra del centavo presentó casi el doble de probabilidades de donar a la causa que la otra mitad (el 50% frente al 28,6%).

Este estudio sugiere que, cuando necesite ayuda de otras personas, resaltar que hasta el mínimo esfuerzo de su parte sería aceptable y útil para usted puede ser una estrategia eficaz. Dicho esto, ¿puede la estrategia del centavo ser contraproducente? Aunque casi el doble de personas donaron cuando se les informó que incluso un centavo sería de ayuda, ¿es posible que hubieran donado una cantidad más pequeña, menor de la que entregarían en otra situación, que los de la otra mitad de la muestra? Para comprobar el potencial efecto contraproducente, examinamos el importe de los donativos y nos alegró descubrir que no había diferencias en el donativo medio por aportación. Es decir, la petición apoyada por el hecho de que incluso un céntimo sería de ayuda se colocaba delante de la media no sólo en cuanto al número de personas que donaron, sino también por el importe global recaudado en cada petición. De hecho, en el estudio de cada 100 personas a quienes preguntamos, recogimos 72 dólares en donativos de la primera mitad de la muestra, frente a sólo 44 de la otra mitad.

Existen múltiples aplicaciones al planteamiento de «incluso un centavo sería de ayuda» en el entorno laboral. Por ejemplo, a los compañeros de trabajo respecto a un proyecto en común: «sólo una hora de vuestro tiempo sería de gran ayuda»; a un colega con la letra ilegible: «sólo un poco más de claridad sería de ayuda»; respecto a un gran cliente potencial, cuyas necesidades hay que comprender mejor: «sólo una breve llamada inicial sería de ayuda». Lo más probable es que este pequeño paso en la dirección correcta no sea tan pequeño después de todo.

21

¿Empezar por arriba o por abajo para que la gente compre?

¿Qué podemos aprender de artículos como el chicle que masca Britney Spears, una placa conmemorativa de Papá Pitufo o un puntero láser roto en cuanto a la manera más eficaz de vender bienes y servicios en un proceso competitivo de ofertas? Un análisis de cómo catalogan las personas sus tesoros en eBay puede resultar tremendamente revelador.

eBay Inc es la compañía que gestiona eBay.com, el sitio en la Red de subastas y compras en el que particulares y empresas de todo el mundo compran y venden artículos y servicios. El sitio fue fundado en 1995 en San José (California) por Pierre Omidyar, un programador informático que dirigía una asesoría llamada Echo Bay Technology Group. Cuando quiso registrar la página web de la asesoría se encontró con que Echobay.com ya era propiedad de Echo Bay Mines, una compañía minera de oro, por lo que abrevió el nombre de su empresa y así nació eBay. El primer objeto que apareció en la página fue un puntero láser roto de Omidyar, que se vendió por 14,83 dólares. Sorprendido de que alguien quisiera comprarlo, se puso en contacto con el ganador de la puja y le preguntó si había comprendido que el puntero láser estaba roto. En su contestación por correo electrónico, el comprador le explicó que era un coleccionista de punteros láser rotos.

En 2006, eBay registró unos 6.000 millones de dólares en ventas gracias a una página en la que ya se puede comprar prácticamente cualquier cosa imaginable (y, en ocasiones, no tan imaginable). Últimamente, por ejemplo, se ha subastado en ella el cartel original de Hollywood y una de las máquinas pesadas del túnel del Canal de la

Mancha. Un hombre de Arizona logró vender su preciada guitarra de aire por 5,50 dólares, a pesar de haber indicado a los pujantes que en realidad no estaban comprando nada, y en 2005 la esposa ultrajada de un locutor de la radio británica vendió el deportivo Lotus Esprit de su amado por el precio de 50 peniques cuando le oyó coquetear por las ondas hercianas con una modelo. El coche, que se catalogó dentro de la sección «Compre ya», se vendió en cinco minutos.

Es evidente que eBay ha identificado un negocio altamente satisfactorio basado en las subastas a través de la Red y lo cierto es que muchas empresas han adoptado modelos similares, empleando procesos y sistemas de pujas por internet para presentar proyectos a concurso y seleccionar proveedores. Dadas las similitudes inherentes entre el proceso de pujas de una subasta en línea y el proceso de licitación competitiva de un negocio, la observación de las ventas realizadas con éxito en portales como eBay puede enseñarnos bastante sobre cómo gestionar eficazmente el proceso de licitación competitiva de una empresa.

La científica conductual Gillian Ku y sus colaboradores sugirieron que cuando el precio inicial de un artículo es elevado, el comprador potencial tiende a otorgarle un valor mayor que si el precio fuera menor, aunque albergaban serias dudas en cuanto a si el aumento en el valor percibido que provocan los precios iniciales altos se traduce en un precio de venta final también superior. Todo lo contrario, ellos proponían que los precios iniciales inferiores conllevan un precio de venta final mayor por tres razones.

En primer lugar, puesto que los precios iniciales de las subastas actúan de barrera de entrada, las cifras más bajas son más indicadas a la hora de fomentar la participación en las pujas de tantas personas como sea posible. En segundo lugar, el aumento del tráfico (reflejado tanto en el número total de pujas como en el número de postores) que suponen los precios iniciales menores actúa de resorte de aprobación social para nuevos postores potenciales. En otras palabras, los postores potenciales que están considerando un artículo subastado a un precio inicial bajo encontrarán la aprobación social de que se trata de un artículo de valor, dada la cantidad de gente que ha pujado, lo cual les servirá de estímulo para unirse a la puja. En tercer lugar, los postores de artículos con precios iniciales bajos, especialmente los primeros, son más propensos a dedicar más tiempo y esfuerzo a mejorar sus apuestas. En un intento por justificar el tiempo y la energía que ya han destinado al proceso de la subasta, estos postores tienen más probabilidades de seguir dispuestos a ganar la subasta, para lo cual continúan pujando y subiendo cada vez más sus pujas.

Las conclusiones de este estudio indican que si usted ofrece productos o servicios a través de cualquier proceso de licitación competitiva, establecer un precio inicial bastante reducido puede acabar mejorando el precio de venta final. Sin embargo, conviene hacer una advertencia importante: los investigadores descubrieron que el componente de la aprobación social fue un factor determinante en la eficacia mejorada del precio inicial bajo. Es decir, que cuando el tráfico de un producto concreto se veía restringido (por ejemplo debido a una falta de ortografía del nombre del producto en eBay, que limita el número de posibles postores que, de otro modo, encontrarían el artículo haciendo una búsqueda de palabras), el precio inicial bajo era menos efectivo. Como resultado, un precio inicial inferior tiende a ser más eficaz cuando existe la posibilidad de que muchos postores deseen sus productos y menos cuando la licitación se limite a dos partes.

Aunque poniendo en práctica lo anterior no conseguirá ganar millones de dólares por los cachivaches de su empresa ni por la colección de dedales antiguos de su familia, cuando menos debería ayudarle a ganar lo suficiente para pujar por la guitarra de aire, en caso de que vuelva a salir a la venta.

22

¿Cómo presumir sin que nos tilden de presumidos?

Si usted es como la mayoría, cuando sabe hacer algo mejor que los demás, quiere que se entere todo el mundo. El problema, sin embargo, es que aunque tenga las credenciales suficientes para presentarse como una autoridad en la materia, al tratar de transmitir sus conocimientos y ganarse a los demás puede acabar dando la impresión de ser un engreído y un fanfarrón. Si esto ocurre, los demás le tendrán en peor estima e incluso puede que se sientan menos inclinados a seguir sus consejos. Dejando de lado la autopromoción pura y dura, ¿qué debe hacer el auténtico experto?

Una opción es conseguir que otra persona hable en su nombre, una técnica generalizada desde hace muchos años entre conferenciantes, escritores, artistas y otros comunicadores. Pedir a alguien que describa sus conocimientos y credenciales ante su público hará maravillas a la hora de convencerlos para que le escuchen, evitando de paso los peligros propios del autobombo. Lo ideal es que se trate de una persona verdaderamente convencida de sus capacidades y conocimientos, que se ofrezca voluntaria a contarles a todos lo inteligente que usted es, con la esperanza de que convierta el mundo en un lugar mejor, aunque si lo anterior no fuera posible siempre puede contratar a un representante.

Entonces, ¿no es arriesgado pagar a otra persona para que elogie sus virtudes? No si su público comete uno de los errores humanos más frecuentes, que los psicólogos sociales conocen como error de atribución fundamental, y es que cuando nos fijamos en el comportamiento de otra persona tendemos a no otorgar suficiente importancia al papel que los factores situacionales (como el dinero) desempeñan en la configuración de su conducta.

En una serie de estudios que uno de nosotros llevó a cabo con Jeffrey Pfeffer como investigador principal y dos colaboradores más, defendíamos que las personas no tienen en cuenta esta información tanto como deberían y, por esa razón, pagar a un intermediario para que respalde sus capacidades es una forma eficaz de persuasión. En uno de esos estudios, los participantes tenían que ponerse en el papel de editor sénior de una editorial, enfrentado a la tarea de tratar con un experto escritor de superventas. Se les pidió que leyeran unos fragmentos de una negociación para un pago por adelantado bastante considerable. Un grupo leyó un extracto donde se alababan los logros del escritor en boca de su agente, mientras que el segundo leyó los mismos comentarios del propio escritor. Los resultados corroboraron nuestra hipótesis, ya que los participantes valoraron al escritor más favorablemente en casi todos los aspectos (especialmente en la simpatía) cuando el agente elogiaba sus virtudes que cuando lo hacía directamente el escritor.

Aquel estudio confirmó que contar con un tercero que hable por nosotros puede resultar una estrategia útil y productiva a la hora de transmitir nuestro nivel de experiencia (y siempre es conveniente que, dentro de lo posible, un tercero negocie en su nombre cualquier cláusula contractual y económica). También recomendamos que, cuando tenga que dirigirse a personas que no lo conozcan demasiado bien, busque a un tercero que haga las presentaciones ante su público, por ejemplo redactando de antemano una breve introducción que, aunque no necesita ser extensa, debe incluir como mínimo algunos datos sobre su origen, formación y experiencia, dejando claro que está capacitado para hablar sobre el tema concreto. Además, puede añadir ejemplos de casos de éxito que haya protagonizado en la materia que va a tratar.

Hace poco, uno de nosotros tuvo la oportunidad de trabajar con una agencia inmobiliaria que empleó esta técnica con efectos inmediatos y altamente satisfactorios. Los clientes que llamaban a la agencia, que contaba con un departamento de ventas y otro de alquileres, solían hablar primero con una recepcionista que, una vez identificado el departamento que les correspondía, decía: «Ah, alquileres, tiene que hablar con Sandra» o «Tiene usted que hablar con el departamento de ventas. Permítame que le pase con Peter».

Ante nuestra recomendación de que presentara a sus compañeros junto con sus credenciales, la recepcionista ya no se limita a informar a los clientes de la persona con la que deben hablar, sino que, además, añade algún dato sobre su experiencia. De esta manera, los clientes que llaman para informarse sobre los alquileres escuchan al otro lado de la línea: «Ah, alquileres, tiene que hablar con Sandra. Tiene más de quince años de experiencia alquilando viviendas en esta zona. Le paso con ella», mientras que los clientes interesados en vender su casa oyen: «Le paso con Peter, nuestro director de ventas. Tiene veinte años de experiencia en la venta inmobiliaria. De hecho, hace poco ha vendido una vivienda muy parecida a la suya».

Los nuevos mensajes se componen de cuatro rasgos fundamentales. En primer lugar, todo lo que la recepcionista cuenta a los clientes acerca de sus compañeros de trabajo es cierto: en efecto, Sandra tiene quince años de experiencia y Peter es uno de los vendedores de más éxito de la agencia. Sin embargo, si el propio Peter o Sandra se lo dijeran a los clientes, transmitirían una imagen jactanciosa y fanfarrona que, como resultado, les restaría efecto persuasivo. En segundo lugar, no parece importar que la presentación proceda de una persona obviamente relacionada con Sandra y Peter, quienes evidentemente se benefician de ello. El tercer rasgo fundamental es su efectividad, ya que tanto Sandra y Peter como sus compañeros de agencia han observado un aumento considerable en el número de citas que están generando desde que la telefonista les hace una breve presentación. El punto número cuatro es el coste, prácticamente cero, que han supuesto estos cambios. Lo cierto es que todos eran conscientes del gran nivel de experiencia y conocimientos presentes en la oficina, salvo las personas más importantes: los clientes potenciales.

Pero ¿y si no resultara práctico que otra persona elogie sus virtudes? ¿Existe alguna otra manera más sutil de demostrar sus competencias sin tener que decirlas a voz en grito? Por supuesto. En una ocasión, un grupo de ayudantes de medicina se pusieron en contacto con uno de nosotros para comentarnos su frustración porque sus pacientes no estaban realizando los importantes ejercicios que les recomendaban para mejorar su estado de salud. Por mucho que intentaban comunicarles la urgencia de realizar aquellos ejercicios, los pacientes raramente seguían sus consejos. Cuando pedimos visitar la consulta, hubo algo que nos sorprendió de inmediato: la ausencia de credenciales en las paredes o en cualquier otro sitio. Cuando les sugerimos que colgaran sus credenciales en lugares donde los pacientes pudieran verlas, los ayudantes notaron una tremenda mejoría en el cumplimiento. ¿La lección? Muestre sus diplomas, certificados y premios a las personas a quienes desee persuadir. Usted se ha ganado esas credenciales y ellas, a su vez, le ayudarán a ganarse la confianza de su público.

23

¿Qué peligro oculto esconde ser el más inteligente del lugar?

Entre una copa y otra, los clientes de los bares son dados a contar historias poco creíbles como que salieron con una supermodelo antes de que se hiciera famosa, que podían haber ganado aquella pelea pero que no lo hicieron porque no querían hacerle daño al contrincante, o que estuvieron a punto de jugar en la selección de fútbol pero que un juanete puso fin a su carrera de futbolista profesional...

En una tarde fría y desapacible de febrero de 1953, dos caballeros entraron en el pub Eagle de Cambridge y, después de pedir la consumición, uno de ellos anunció a los demás asistentes lo que debió de sonar al mayor cuento chino de todos: «Hemos encontrado el secreto de la vida», aseguró.

Aunque aquella afirmación pareciera jactanciosa y arrogante, resulta que era verdad, puesto que aquella mañana los científicos James Watson y Francis Crick habían encontrado efectivamente el secreto de la vida, al descubrir la estructura en doble hélice del ADN, el material biológico que contiene la información genética de los seres vivos.

En el 50º aniversario de lo que podría definirse tal vez como el descubrimiento científico más importante de nuestra era, Watson concedió una entrevista para comentar sus logros, en un artículo que examinaba los aspectos del trabajo de Watson y Crick que les habían llevado a desenmarañar la estructura del ADN por delante de un nutrido grupo de científicos expertos como ellos.

Para empezar, Watson enumeró una serie de factores nada sorprendentes en su mayoría, como la importancia de que tanto él como Crick hubieran identificado el problema más grave que debían abordar, la pasión que sentían hacia su trabajo, su entrega total a aquella tarea o que estaban dispuestos a adoptar enfoques ajenos a su campo de conocimiento. La última razón que ofreció, sin embargo, era a todas luces asombrosa, puesto que reconoció que Crick y él habían descifrado el inaprensible código del ADN principalmente porque no eran los científicos más inteligentes que estaban buscando una respuesta.

¿Cómo? ¿Es posible, como explicó Watson a continuación, que considerarse a uno mismo el decisor más inteligente, el individuo más brillante entre los presentes, pueda ponernos en el peor aprieto? ¿Existen realmente peligros ocultos de ser la persona más inteligente del lugar?

A lo largo de la entrevista, Watson aclaró que la persona más inteligente que estaba trabajando en el proyecto en aquella época era Rosalind Franklin, una científica británica residente en París. «Rosalind era tan inteligente que raras veces pedía consejo y, cuando se es la persona más inteligente del lugar, surgen los problemas».

El comentario de Watson arroja luz sobre un error común, patente en las acciones de muchos líderes bienintencionados. Los dirigentes de organizaciones que se enfrentan a una cuestión o a un problema concreto (por ejemplo, cómo diseñar un mensaje de ventas con gancho para un cliente potencial, o la campaña más efectiva para recaudar fondos para una asociación de padres de alumnos) deben asegurarse de colaborar con los demás miembros de su equipo en pro de su objetivo, por mucho que ellos sean los mejor informados, más expertos o más capaces del grupo, porque no hacerlo puede resultar un acto temerario. De hecho, el científico conductual Patrick Laughlin y su equipo han demostrado que los planteamientos y los resultados de los grupos que trabajan juntos para alcanzar una solu del grupo trabajando por su cuenta. Y, sin embargo, con demasiada frecuencia los líderes que, debido a su mayor experiencia, destreza y sabiduría, se consideran los más capaces del grupo, no piden ayuda a sus compañeros de equipo.

La investigación realizada por Laughlin y su equipo nos explica por qué el mejor líder trabajando en solitario se verá desbancado en el alcance de la solución por una unidad menos experta pero cooperante. En primer lugar, los decisores solitarios son incapaces de lograr la diversidad de conocimientos y perspectivas de una unidad multipersonal de la que formen parte. Además, la suma del esfuerzo de los demás puede fomentar procesos intelectuales que no se hubieran desarrollado al trabajar en solitario; todos hemos comprendido mejor algo gracias al comentario de un colega que, aunque no nos ofreció el conocimiento en cuestión, sí provocó que lleváramos a cabo una asociación de ideas. En segundo lugar, el buscador de soluciones que va por libre pierde otra ventaja considerable: el poder del procesado en paralelo. Es decir, mientras que una unidad cooperante puede distribuir muchas subtareas de un problema entre sus miembros, el trabajador solitario debe realizarlas una por una, secuencialmente.

¿Y no es igualmente arriesgada la colaboración al 100%? Después de todo, las decisiones que se toman en comité son famosas por su rendimiento subóptimo. Teniendo presente ese problema, nuestra recomendación no consiste en emplear una estrategia de recuento de votos para llegar a una conclusión, sino que, todo lo contrario, sugerimos no tomar ninguna decisión en común, ya que la elección final la debe tomar el líder. Es en el proceso de buscar los aportes donde los líderes deberían implicarse más colectivamente, dado que los que fomentan la participación periódica de su equipo pueden esperar no sólo mejorar los resultados, sino, además, establecer relaciones más cercanas y congeniar con los miembros de su equipo, lo que a su vez mejora la futura colaboración e incluso la influencia. ¿Y qué hay del riesgo del ego mancillado y la pérdida de motivación si la idea de un miembro del equipo se acaba rechazando? Siempre y cuando el líder confirme a su equipo que cada opinión (aunque no constituya un factor decisivo) será considerada en el proceso, no debería darse una situación así. Quién sabe, aunque crear un equipo de personas motivadas a la colaboración mutua no le permita declarar, como Watson y Crick, que ha encontrado el secreto de la vida, puede ayudarle a encontrar el secreto de liberar su verdadero potencial y el de su grupo.

24

¿Qué podemos aprender de la *capinatitis?*

Junto a los peligros de considerarse uno mismo el mejor decisor del lugar, existe otro peligro que puede ser igualmente nocivo (si no más), y es el de que los demás lo vean como la persona más inteligente o experta del lugar, especialmente cuando ese lugar es la cabina de un avión y el líder en cuestión es el piloto.

Piense, por ejemplo, en la siguiente conversación recogida por la caja negra del vuelo 91 de Air Florida justo antes de estrellarse contra el río Potomac, congelado, en las inmediaciones de Washington DC en 1982:

> **Copiloto:** *«Volvamos a comprobar el hielo sobre las alas porque llevamos un rato aquí parados».*
>
> **Capitán:** *«No. Creo que podremos salir dentro de un minuto».*
>
> **Copiloto:** [Refiriéndose a un instrumento mientras se disponían a preparar el despegue]. *«Esto no está bien, ¿no? No, no está bien».*
>
> **Capitán:** *«Sí lo está».*
>
> **Copiloto:** *«Ah, a lo mejor sí».*
>
> [Se oye cómo el avión se esfuerza sin éxito por ganar altitud].
>
> **Copiloto:** *«Larry, nos caemos».*
>
> **Capitán:** *«Lo sé».*
>
> [Se oye el impacto que acabó con la vida del capitán, el copiloto y 76 personas más].

Se trata de un ejemplo, tristemente trágico, de la manera en que los miembros de un equipo suelen deferir a la consideración del líder como figura de autoridad legítima e informada, además de demostrar que los líderes a menudo no son capaces de reconocer la influencia que su consideración y experiencia percibidas tienen sobre los demás. Llamada *capitanitis,* este tipo de conducta toma su nombre de la pasividad, a veces mortal, que los miembros de la tripulación demuestran en ocasiones cuando el capitán de vuelo toma una decisión claramente incorrecta. De hecho, los investigadores de accidentes han registrado repetidos casos de accidentes en los que un error obvio del capitán no fue corregido por otro miembro de la tripulación.

Pero la *capitanitis* no se limita al transporte aéreo. En una serie de estudios, los investigadores comprobaron la disposición de un grupo de enfermeras cualificadas a renunciar a sus responsabilidades profesionales hacia un paciente cuando la persona responsable en ese caso (el médico) había hablado. Para realizar el experimento, el psicólogo investigador Charles Hofling telefoneó a 22 enfermerías diferentes en varias salas de hospital. El interlocutor, que se identificaba como un médico del hospital, indicaba a la enfermera que administrara 20 mg del fármaco Astrogen a un paciente concreto y en el 95% de los casos la enfermera fue directamente al armario de las medicinas para recoger el fármaco y se acercó hasta el paciente para administrárselo, aunque el medicamento no estaba autorizado para uso hospitalario y la receta de 20 mg duplicaba la dosis diaria recomendada.

Resumiendo sus reveladoras conclusiones, los investigadores puntualizaron que, en las unidades médicas repletas de personal es natural asumir que las inteligencias profesionales múltiples (médicos, enfermeros, farmacéuticos) trabajan en colaboración para garantizar que se tomen las mejores decisiones, aunque si lo examinamos más de cerca puede que sólo una de esas inteligencias esté en funcionamiento. Según el estudio, las enfermeras desecharon su considerable experiencia y conocimientos para deferir al médico en un contexto en el que su actuación fue comprensible, ya que el médico es, a la vez, una autoridad con autoridad. En otras palabras, el doctor está al mando y, como resultado, tiene el poder de penalizar a los trabajadores que no cumplan. Además, el médico posee una formación médica superior que puede traducirse en que los que le rodean defieran a su consideración de experto. Como resultado de estos conocimientos percibidos, no debería sorprendernos que el personal sanitario se muestre reticente a poner en duda el tratamiento recomendado por un médico.

Los líderes deben tener en cuenta estas conclusiones, no necesariamente por cuestiones de protección la próxima vez que sean hospitalizados, sino cuando se encuentren en el despacho o en una sala de juntas a punto de tomar una decisión importante. Y es que, cuando los líderes no piden el aporte de los miembros de su equipo y estos últimos tampoco imponen sus opiniones, la situación acaba convirtiéndose en un círculo vicioso que se traduce en procedimientos frágiles de toma de decisiones, malas elecciones y, con frecuencia, errores evitables. Ya sea el entrenador de un equipo de deporte, el directivo de un club, el propietario de un pequeño negocio o el director ejecutivo de una multinacional, el liderazgo cooperativo, que invita al disentimiento de los empleados entendidos, puede ser la llave que rompa ese círculo. Además, un poco de humildad no perjudica a ningún líder. La próxima vez, recuerde comprobar su ego en la sala de juntas, el hospital o la cabina del avión.

25

¿Por qué las reuniones en grupo provocan por naturaleza desastres antinaturales?

En la historia de la exploración espacial han quedado grabados para siempre dos días de luto nacional: el 1 de febrero de 2003, cuando el transbordador estadounidense Columbia se colapsó al regresar a la atmósfera de la Tierra, y el 28 de enero de 1986, cuando el Challenger explotó durante el despegue. En ambos accidentes murió la tripulación al completo y, aunque las causas de cada uno parezcan diferentes (en un caso, los daños en el borde delantero del ala izquierda del transbordador, y en el otro una arandela defectuosa en el cohete sólido), un examen atento de los fallos sugiere una misma causa principal: la deficiente cultura de toma de decisiones de la NASA. ¿Qué lecciones podemos aprender de estas tragedias y cómo podemos crear en nuestro lugar de trabajo una cultura que permita a los demás convencernos de que estamos equivocados?

Para comprender, en primer lugar, la forma en que se produjeron estos dos accidentes, analicemos la siguiente conversación entre un investigador del caso del Columbia y la presidenta del equipo de gestión de la misión.

> **Investigador:** *«En su calidad de directora, ¿cómo busca opiniones disidentes».*
>
> **Presidenta:** *«Cuando las oigo...».*
>
> **Investigador:** *«Por su propia naturaleza, es posible que no las oiga. ¿Qué hace para conocerlas?».*

La presidenta no tenía ninguna respuesta. En el accidente del Columbia, los responsables hicieron caso omiso a las sugerencias de los empleados de menor rango, que habían propuesto pedir al Departamento de Defensa que utilizara sus satélites espía para fotografiar posibles zonas dañadas del transbordador. En el caso del Challenger, pasaron por alto las advertencias de los ingenieros en cuanto a que el mal tiempo en el día del lanzamiento podía provocar un fallo de las arandelas. ¿Qué factores provocan un proceso tan nefasto de toma de decisiones?

Tras estudiar grandes fallos decisorios de la historia reciente, como la invasión de la Bahía de Cochinos por Kennedy o el escándalo Watergate de Nixon, el psicólogo social Irving Janis desarrolló una teoría de cómo los grupos acaban tomando malas decisiones. El pensamiento en grupo (expresión acuñada en inglés por el periodista William H. Whyte) es un estilo de toma grupal de decisiones en el que existe una mayor necesidad entre los miembros del grupo de congeniar y estar de acuerdo entre ellos, que de buscar y evaluar con ojo crítico las opiniones e ideas alternativas. Suele estar causada por el deseo del grupo de cohesión, de aislamiento de influencias externas y por unos líderes autoritarios que dan a conocer sus opiniones, todos ellos factores presentes a varios niveles en muchas organizaciones. A menudo, estos factores generan en los demás una presión percibida de conformarse con el punto de vista del líder y también pueden provocar una necesidad percibida de censurar las opiniones opuestas y proteger a los líderes contra ellas, causando la falsa percepción de acuerdo íntegro entre todos los miembros del grupo están de acuerdo y la inferioridad de las opiniones expresadas fuera de él. El resultado es un proceso defectuoso de discusión y toma de decisiones, con frecuencia caracterizado por un examen incompleto de las ideas alternativas, un proceso sesgado de búsqueda de información y la ausencia de análisis de los riesgos de las opciones favoritas del líder.

¿Qué medidas se pueden implementar para evitar un proceso de toma de decisiones tan deficiente? La toma de decisiones en grupo puede mejorarse fomentando la crítica y el escepticismo respecto a todos los puntos de vista, especialmente los favoritos del líder. De hecho, el líder inteligente pregunta siempre lo que piensan los demás antes de hacer pública su propia postura, garantizándose de esta manera el acceso a los pensamientos, opiniones y puntos de vista reales del equipo, y no a lo que el líder quiere oír.

Para poner en práctica esta estrategia eficazmente, el líder debe fomentar un entorno abierto y sincero, donde las opiniones individuales sean bien recibidas y consideradas sin miedo al reproche. Más aún, incluso después de tomada la decisión, el grupo debería reunirse de nuevo para discutir cualquier duda que puedan seguir teniendo respecto a la decisión. Además, suele ser fundamental traer a expertos externos, que podrán emitir un análisis menos sesgado de las ideas. Lo anterior es especialmente efectivo si consideramos que mirar hacia dentro de una organización suele equivaler a tener poca visión y a menudo conlleva que los equipos desvelen algo que ya es conocido en esa cultura. Para entender mejor lo que no es conocido pero puede resultar útil y provechoso hace falta contar con una opinión externa.

En resumen, a veces es importante escuchar un «no» en boca de los miembros de su grupo para aumentar las probabilidades de que acabe escuchando un «sí» de las personas a quienes quiere convencer de que adopten la decisión del grupo.

26

¿Quién es mejor persuasor, el abogado del diablo o el verdadero disidente?

Durante casi cuatro siglos, la Iglesia Católica se apoyó en el *advocatus diaboli,* o abogado del diablo, para investigar y denunciar todos los aspectos negativos de la vida y obra de los candidatos a la beatificación. En lo que podría considerarse una especie de santa auditoría financiera, la idea era que desvelando todos los datos desfavorables del candidato y presentándoselos a los líderes eclesiales, el proceso de toma de decisiones estaría más documentado y se beneficiaría considerablemente de la diversidad de ideas, perspectivas y fuentes de información.

Cualquiera que trabaje en el mundo de los negocios sabrá que los términos negocios y santidad no son buenos compañeros y, aun así, los directivos podrían aprender una valiosa lección del procedimiento del abogado del diablo, en el sentido de que cuando parece que todas las personas de un equipo se ponen de acuerdo de inmediato en una cuestión, suele ser útil fomentar los puntos de vista alternativos, especialmente si considera los efectos potencialmente devastadores del pensamiento en grupo y la polarización, donde la opinión mayoritaria del grupo se hace más extrema cuanto más se discute.

Además, desde hace algún tiempo los psicólogos sociales saben que incluso el disidente solitario de un grupo por lo demás unánime puede bastar para generar una reflexión más creativa y compleja en el grupo, aunque hasta hace poco no se había investigado mucho acerca de la naturaleza del disidente. ¿Los abogados del diablo (o pseudo-disidentes) son mejores o peores que los disidentes auténticos a la hora de mejorar las capacidades de resolución de problemas de un grupo de personas con ideas afines?

Los resultados de un estudio realizado por el psicólogo social Charlan Nemeth y su equipo sugieren que, comparado con un disidente auténtico, pedir a una persona que represente el papel de abogado del diablo es mucho menos efectivo de cara a fomentar la resolución de problemas entre los integrantes de un grupo. Los investigadores sostienen que los miembros mayoritarios son más propensos a considerar los argumentos y posturas del disidente auténtico bien fundadas y, por lo tanto, válidas, mientras que la opinión del abogado del diablo suena a discrepar porque sí. Por esa razón, cuando los miembros mayoritarios se encuentran con una persona que verdaderamente parece oponerse a su postura, tratan de comprender por qué el disidente está tan convencido de sus opiniones y, durante ese proceso, llegan a conocer mejor el problema y a considerarlo desde una perspectiva más amplia.

¿Implican estas conclusiones que la figura del abogado del diablo es obsoleta? Para la Iglesia Católica sí, pues el Papa Juan Pablo II puso fin oficialmente al uso de esta figura. Igualmente debemos tener en cuenta las pruebas que demuestran que experimentar la confrontación con un abogado del diablo tiene el potencial de reforzar, y no de debilitar, la confianza de los miembros mayoritarios en su postura original, presumiblemente porque creen haber considerado (y posteriormente descartado) todas las alternativas posibles. Pero eso no quiere decir que el abogado del diablo no suponga ninguna ventaja, puesto que puede resultar útil para llamar la atención sobre las ideas, perspectivas e informaciones alternativas, siempre y cuando la mayoría las reciba con la mente abierta.

No obstante, teniendo en cuenta las conclusiones del estudio, tal vez la mejor política para un líder sea la de crear y mantener un entorno laboral en el que se fomente el desacuerdo abierto de los compañeros y subordinados respecto al punto de vista mayoritario, lo que podría traducirse perfectamente en soluciones más innovadoras a problemas complejos y una inyección de ánimo (siempre que la disensión se limite al ámbito profesional y no privado), y conllevar finalmente un incremento en los beneficios. Cuando una decisión puede tener implicaciones duraderas y potencialmente de gran alcance, conviene considerar la búsqueda de disidentes auténticos.

Si fomentamos que otras personas entendidas nos convenzan apasionadamente de que, tal vez, hemos tomado la dirección equivocada, nos estamos colocando en una posición desde donde obtendremos un mayor conocimiento gracias a la argumentación sincera, y no simulada, y eso a su vez nos permite tomar decisiones óptimas y crear mensajes de máxima efectividad.

27

¿Cuándo la dirección correcta puede ser la equivocada?

Fortaleza, coraje, determinación, compromiso, desinterés... Los bomberos son, sin lugar a dudas, modelos a imitar en nuestra conducta dentro y fuera de la empresa. Aunque salvar vidas y rescatar gatos de los árboles no figure en la descripción de su puesto de trabajo, algunas nociones sobre el entrenamiento de los bomberos pueden ayudarle a convertirse en el héroe de su organización.

Al equipo de la investigadora conductual Wendy Young le interesaba estudiar si determinados tipos de programas formativos eran más efectivos que otros de cara a minimizar los errores de juicio en el trabajo. En concreto, querían saber si centrar al alumno en los errores pasados que habían cometido otras personas podría ofrecerle una mejor formación que basarse en las decisiones correctas de los demás, convencidos de que la formación basada en los errores de los demás era más eficaz por varios factores, como el aumento de la atención y la mayor perdurabilidad de la memoria.

Los investigadores se dispusieron a corroborar su hipótesis en un grupo de personas cuyas técnicas de decisión en condiciones de tensión fueran cruciales y acarrearan importantes implicaciones, por lo que no sorprende que eligieran al cuerpo de bomberos. El estudio consistía en una sesión de formación y desarrollo para bomberos que incluía el análisis de varios casos, aunque la naturaleza de éstos variaba entre los dos grupos de participantes. Un grupo se centraría en casos que describían situaciones verídicas en las que otros bomberos habían tomado decisiones incorrectas que conllevaron resultados negativos, mientras que el otro estudiaría los casos en que los bomberos habían evitado resultados negativos gracias a haber tomado la decisión acertada. Cuando los investigadores analizaron los datos, descubrieron una mejoría sustancial en el juicio de los bomberos que asistieron a la formación en errores frente a los de la formación en aciertos.

Formar es sinónimo de influir, así que si quiere maximizar su influencia en la conducta futura de sus empleados, está claro cómo debe enfocar los programas de formación de su organización. Aunque muchas empresas por lo general centran su formación exclusivamente en lo positivo (en otras palabras, cómo tomar buenas decisiones), los resultados de este estudio sugieren que una parte considerable de la formación debería estar dedicada a los errores que se han cometido en el pasado y cómo podrían (y pueden) evitarse. En concreto, los estudios de casos, vídeos, ilustraciones y testimonios personales sobre esos errores deben continuarse con un coloquio sobre las acciones que hubieran sido apropiadas en ésas y otras situaciones similares.

Evidentemente, no es necesario que la dirección desmarque a personas concretas por sus decisiones equivocadas en el pasado, sino que las experiencias erróneas pueden ser totalmente anónimas. Aun así, es posible que se encuentre con que algunos de los empleados más expertos y respetados estarán encantados de donar sus historietas de guerra, repletas de errores, a los archivos formativos de la empresa.

Sin embargo, este planteamiento no está limitado al aula corporativa, sino que los profesores, entrenadores y prácticamente cualquiera que imparta formación puede beneficiarse de esta estrategia (incluidos los padres, por supuesto). Por ejemplo, cuando se enseña a los niños a no hablar con extraños, los padres pueden describir escenarios hipotéticos en los que un niño fue engañado por un desconocido, ya que al analizar lo que el niño del ejemplo podría haber hecho para haberlo evitado, su hijo estará mejor preparado para enfrentarse a escenarios similares en el futuro.

28

¿Cuál es la mejor manera de convertir una debilidad en fortaleza?

Hace casi medio siglo, la agencia de publicidad Doyle, Dane & Bernbach se enfrentó a la tarea casi imposible de introducir un minúsculo coche alemán en el mercado estadounidense, dominado por los utilitarios de gran tamaño. Sin embargo, al cabo de poco tiempo, el Escarabajo de Volkswagen pasó de ser un hazmerreír relativamente desconocido a un símbolo de consideración tremendamente popular. El éxito del Beetle se debió en gran parte al diseño de una de las mejores campañas en la historia de la publicidad, aunque más sorprendente todavía fue la manera en que los creativos se plantearon el trabajo, ya que para promocionar la marca no recalcaron los puntos fuertes del producto, como que era bastante barato o que consumía poca gasolina, sino que pregonaron a los cuatro vientos sus puntos débiles. ¿Por qué?

Ciertamente, la campaña rompió con las teorías al uso en el sector en aquel momento, centrándose en el hecho de que el Volkswagen no era ni remotamente tan agradable a la vista como los vehículos típicos americanos de la época. En los anuncios se podían leer titulares como «La fealdad sólo es superficial» o «Seguirá siendo feo durante más tiempo», que obviamente captaron la atención y otorgaron simpatía a la campaña en general, aunque que estos factores en solitario no explican el enorme incremento en las ventas que se produjo durante el lanzamiento y a lo largo del transcurso de la campaña. ¿Cómo es posible que unos anuncios así consiguieran vender tantos coches?

Mencionar una pequeña desventaja de un producto crea la percepción de que la empresa que lo anuncia es sincera y de fiar, lo que, a su vez, la coloca en posición de ser más persuasiva cuando se trata de promocionar los verdaderos puntos fuertes del producto (en el caso del Beetle, como hemos mencionado antes, su modesto consumo de combustible y precio razonable). De un modo similar, Avis, la segunda compañía de alquiler de coches del mundo, aprovechó su situación en su antológico lema: «Avis: somos el número dos, pero nos esforzamos más» (cuando no se es el número uno, no queda más remedio). Otros ejemplos son: «Listerine: el sabor que odias tres veces al día», o «L'Oreal: somos caros, pero tú lo vales».

Fuera del sector de la publicidad también se ha demostrado el éxito de esta estrategia. Piense, por ejemplo, en la siguiente aplicación en el ámbito jurídico: en un estudio realizado por el científico conductual Kip Williams y su equipo, cuando los miembros del jurado escucharon a un abogado mencionar un punto débil de su argumento antes de que lo mencionara el abogado contrario, le otorgaron una calificación superior en fiabilidad y fueron más favorables a su argumentación en general en sus veredictos porque habían percibido su honestidad. Por otro lado, a cualquiera que esté considerando dar un giro a su trayectoria profesional podría interesarle saber que un estudio sobre contratación descubrió que los candidatos cuyo currículo contenía sólo referencias positivas eran invitados a menos entrevistas que aquellos cuyo currículo recalcaba un punto débil o ligera limitación en primer lugar, antes de pasar a describir las características positivas.

Esta técnica persuasiva tiene también otras aplicaciones posibles. Imagínese, por ejemplo, que quiere vender su coche: cuando venga un posible comprador para realizar una prueba de conducción, ofrecerle voluntariamente la información negativa sobre el vehículo, especialmente la que sería improbable que él descubriera por su cuenta (que la luz del maletero no va muy bien, o que no tiene un consumo demasiado económico), debería obrar milagros en su confianza hacia usted y hacia su coche.

Además, esta estrategia puede aplicarse a la mesa de negociación. Suponga que existe una pequeña área en la que su influencia sea débil: es probable que la parte contraria le considere más fiable si lo menciona enseguida, en lugar de dejar que lo descubra después. Lo mismo es válido para la venta directa: si se dedica a vender fotocopiadoras de color a empresas y su marca tiene una capacidad de papel ligeramente inferior que la de la competencia, puede ser útil mencionarlo al principio para ganarse la confianza de su comprador potencial. Después, será más fácil convencerle de las prestaciones verdaderamente superiores de su fotocopiadora que la hacen desbancar a la competencia en todos los demás aspectos.

Tenga en cuenta, sin embargo, que cualquier debilidad que mencione debe ser menor. Por eso no se suelen ver campañas con lemas como: «Clasificada en último lugar de su categoría por J.D. Power & Associates, aunque en cuanto nos ponemos manos a la obra en juicios por homicidio mal planteados, nosotros nos esforzamos más».

29

¿Qué fallos abren las las cajas fuertes de los demás?

El duque de La Rochefoucauld, autor y moralista francés del siglo XVII, presagió el asombroso éxito de la célebre campaña publicitaria del Escarabajo de Volkswagen cuando escribió: «Sólo confesamos nuestros pequeños fallos para persuadir a los demás de que no los tenemos mayores». Aquella campaña pareció abordar con gran destreza los fallos del producto, pero la utilización de este tipo de mensaje nos deja con un dilema: ¿cómo elegir esos fallos menores que debemos confesar?

Las investigaciones realizadas por el científico social Gerd Bohner y su equipo sugieren que, para que estos mensajes persuasivos de doble filo tengan máxima eficacia, es necesaria una conexión clara entre los atributos negativos y positivos que se transmiten. En uno de sus estudios, Bohner creó diferentes versiones de un anuncio de un restaurante, con una primera versión que contenía exclusivamente atributos positivos (por ejemplo, el ambiente acogedor), una segunda que mencionaba las características positivas junto con algunas negativas sin conexión (el ambiente acogedor y la falta de aparcamiento para clientes), y una tercera que describía ciertas características negativas y positivas que guardaban relación (el restaurante era muy pequeño, pero tenía un ambiente acogedor).

De esta manera, los participantes que leyeron el tercer anuncio podían establecer una conexión entre los aspectos negativos y positivos del restaurante (hay poco espacio, pero gracias a eso el ambiente es muy acogedor). En resumen, aunque los dos tipos de mensaje de doble filo lograron incrementar la percepción de credibilidad hacia el dueño del restaurante, la evaluación del local fue superior con el que contenía atributos negativos y positivos interconectados.

Partiendo de estas conclusiones, si lo que usted busca principalmente es aumentar su fiabilidad a ojos de los demás, puede que no importe la debilidad concreta que transmita en sus mensajes de doble filo. Si, por el contrario, también desea fomentar la opinión positiva hacia el objeto de discusión (ya sea un restaurante, un producto o incluso sus credenciales), le convendría asegurarse de que cualquier nube negra que describa vaya emparejada con un arco iris. Pongamos un ejemplo cotidiano: cuando Ronald Reagan se presentó a su reelección en 1984, a algunos votantes les preocupaba que fuera demasiado mayor para desempeñar el cargo en una segunda legislatura. Durante el debate presidencial contra su oponente Walter Mondale, Reagan admitió que era muy mayor, pero añadió: «Quiero que sepan que no voy a hacer de la edad un tema de campaña. No me aprovecharé con fines políticos de la juventud e inexperiencia de mi oponente». Aunque la respuesta inmediata de Mondale fue soltar una carcajada, seguramente no se rió tanto cuando fue derrotado en una de las victorias más aplastantes de la historia presidencial de Estados Unidos.

Los resultados de este estudio también presentan muchas aplicaciones corporativas. Pongamos, por ejemplo, que está presentando un producto que su compañía acaba de lanzar, con algunas prestaciones y ventajas notables respecto a la competencia por las que hay que pagar más. Como resultado, cuesta un 20% más que el producto que está utilizando actualmente la compañía de su nuevo cliente. Usted también sabe, sin embargo, que esa diferencia del 20% inicial se compensa por el hecho de que su producto dura más y es tiene un mantenimiento más económico. También es más rápido y más compacto, al ocupar mucho menos espacio que el de sus competidores.

Los resultados del estudio sugieren que, después de mencionar el punto débil de la diferencia de precio, debería comentar alguna ventaja relacionada con el precio y no con ningún otro atributo del producto. Decir: «Lo cierto es que nuestro nuevo producto cuesta un 20% más, pero se compensa de largo si consideramos que tiene una vida útil más larga y un mantenimiento más barato» sería más persuasivo que: «Lo cierto es que nuestro nuevo producto cuesta un 20% más pero es más rápido y, además, ocupa menos espacio».

En otras palabras, asegúrese de añadir al punto débil una virtud relacionada con él, que lo neutralice. Ya lo dice el refrán: no hay mal que por bien no venga.

30

¿Cuándo es oportuno admitir que nos equivocamos?

En febrero de 2007, Jet Blue Airways, una aerolínea estadounidense de bajo coste con sede en Nueva York, decepcionó a miles de pasajeros por su falta de preparación y pésimas decisiones ante la dura climatología invernal del noreste del país. Casi sin excepción, las demás líneas aéreas que cubrían la región habían cancelado enormes cantidades de vuelos ante la expectativa de una fuerte tormenta, pero Jet Blue dio esperanzas a muchos de sus pasajeros en cuanto a que sus aviones sí despegarían, aunque, al final, al comprobarse que el temporal no amainaba, causó una gran frustración entre sus clientes.

Tras abandonar a miles de pasajeros en aeropuertos y pistas de despegue en lo que fue toda una pesadilla operativa, Jet Blue se enfrentó a una compleja decisión de relaciones públicas: ¿a qué o a quién culpar? ¿Deberían apuntar a factores externos, como la extrema meteorología, o culpabilizar a factores internos referidos a las operaciones de la compañía? La compañía se decantó por lo segundo y reconoció que los fallos durante el desastre estuvieron causados por problemas internos y no externos. Admitir los errores propios requiere valentía y sentido de la humildad; tal vez por eso sea tan raro ver a una organización y a sus miembros asumir la culpa de un paso en falso o una mala decisión. ¿Los estudios sobre influencia social respaldan la decisión de Jet Blue de hacer lo que muchas compañías en su posición ni siquiera se plantearían?

La científica social Fiona Lee y su equipo sugieren que las organizaciones que atribuyen sus fallos a causas internas salen bien paradas no sólo ante la percepción del público, sino también en términos de la línea de beneficios, y sostienen que culpar de los fallos a motivos internos, potencialmente controlables, hace que la organización parezca ejercer un mayor control sobre sus propios recursos y su futuro. Además, sugieren que el público probablemente responda asumiendo que la organización dispone de un plan para modificar los factores que han llevado a esa situación.

Para corroborar estas ideas, Lee y su equipo llevaron a cabo un breve estudio en el que los participantes tenían que leer una o dos memorias anuales de una compañía ficticia, donde se explicaban por qué los resultados del año anterior habían sido tan mediocres. Para la mitad de los participantes, la compañía atribuía la culpa de su rendimiento a factores internos (pero potencialmente controlables):

> **Memoria corporativa ficticia A**
> *El inesperado descenso en las ganancias de este año es atribuible principalmente a ciertas decisiones estratégicas que tomamos el año anterior. Las decisiones de adquirir una nueva empresa y retirar varios fármacos nuevos de los mercados internacionales contribuyeron directamente a reducciones a corto plazo en los beneficios. Como equipo directivo, no estábamos plenamente preparados para las condiciones poco propicias que surgieron tanto en el sector nacional como en el internacional.*

Para la otra mitad de los participantes, el informe anual culpaba a factores externos (e incontrolables) del mal rendimiento:

> **Memoria corporativa ficticia B**
> *El descenso en las ganancias de este año es atribuible principalmente al inesperado deterioro del contexto económico nacional e internacional y al aumento de la competencia internacional. Estas condiciones poco propicias del mercado contribuyeron directamente a una caída a corto plazo de las ventas y dificultades en la introducción de varios fármacos clave en el mercado. Estas condiciones imprevistas surgieron a raíz de las nuevas leyes federales y se encuentran completamente fuera de nuestro control.*

Los participantes que leyeron la memoria A tuvieron una opinión más positiva de la compañía que los que habían leído la versión B.

Sin embargo, los investigadores no lo dejaron ahí, puesto que querían poner a prueba la hipótesis en un contexto real y, para hacerlo, recogieron cientos de declaraciones de este tipo de las memorias anuales de catorce compañías a lo largo de un período de 21 años y descubrieron que, cuando las compañías explicaban los fallos en sus memorias anuales, aquellas que se referían a factores internos y controlables el año siguiente presentaban unos precios por acción superiores que las que apuntaban a factores externos y no controlables. En ese caso, si asumir la responsabilidad de los propios errores no es sólo lo correcto, sino que además es conveniente para su compañía, ¿por qué es tan poco frecuente?

Culpar a personas o factores externos para desviar la atención de la fuente del problema es la reacción más común ante un error costoso o vergonzante, independientemente de que lo haya cometido una organización o una persona. Sin embargo, este planteamiento crea dos problemas aún mayores. En primer lugar, como sugiere este estudio, esa estrategia podría ser inefectiva porque no hace nada para demostrar a los escépticos que tenemos el control del problema y la capacidad para solucionarlo. En segundo lugar, aunque logremos desviar la atención lejos de nuestro error a corto plazo, el foco, o mejor dicho, la diana, nos volverá a encontrar a largo plazo, con la posibilidad de que subraye no sólo nuestro error, sino nuestros impulsos de tratar de ocultar la realidad.

Y lo anterior no sólo es cierto en el caso de las empresas, sino también en las personas. Si se encuentra en la situación de haber cometido un error, debe admitirlo y seguirlo inmediatamente con un plan de acción que demuestre que es capaz de controlar la situación y enmendarla, porque de esta manera se colocará, en último término, en una posición de mayor influencia, al transmitir la percepción de que no sólo es capaz, sino también honesto.

En suma, los resultados de este estudio sugieren que si juega a tirar balones fuera (apuntado con el dedo a factores externos, en lugar de a uno mismo) tanto usted como su organización pueden acabar perdiendo.

31

¿Cuándo debería alegrarnos que el servidor esté inactivo?

Cuando los ordenadores fallan, la oficina se convierte en un lugar tremendamente frustrante para trabajar. Sin embargo, estudios recientes sugieren que, en determinados casos, las averías informáticas son una gran ventaja, y no un desastre para su negocio.

Los científicos sociales Charles Naquin y Terri Kurtzberg creían que, cuando las organizaciones identifican la tecnología (en vez del error humano) como la causa principal de un incidente, los clientes y demás personas ajenas tienden menos a responsabilizar exclusivamente a la organización. Para verificar esta hipótesis desarrollaron un estudio en el que pidieron a estudiantes de contabilidad que leyeran un artículo de prensa ficticio, basado en un accidente real ocurrido entre dos trenes de cercanías de Chicago Transit Authority, que causó muchos heridos además de graves inconvenientes para el tráfico ferroviario. A la mitad de los participantes se les dijo que hubo un error en el programa informático del tren, que provocó que emprendiera la marcha cuando la acción correcta hubiera sido detenerse, mientras que a la otra mitad se les contó que el problema se debió a un error humano, ya que el maquinista permitió que el tren avanzara cuando debía haberlo detenido. Tal y como esperaban, los investigadores descubrieron que los participantes culpabilizaban menos a la compañía de transportes cuando se les informaba de que el accidente había sido provocado por un fallo en la tecnología.

En otro estudio, los investigadores aprovecharon un incidente real, ocurrido en un campus universitario, en el que el sistema de correo electrónico del centro sólo permitía a los usuarios enviar mensajes a direcciones de la universidad y que se prolongó durante un día laborable entero. Los investigadores distribuyeron encuestas entre los estudiantes de posgrado, preguntándoles hasta qué punto pensaban que la Oficina de Tecnología de la Información (OTI), que gestionaba la red informática de la universidad, era la responsable del problema. Antes de responder a la encuesta, la mitad de los estudiantes fueron informados de que «se creía provocado por un error informático que dejó frito el servidor» y la otra de que «se creía provocado por un error humano que dejó frito el servidor». Los resultados desvelaron que los participantes culpabilizaban más a la OTI, e incluso sugerían penalizaciones económicas más cuantiosas, cuando creían que el incidente se había debido a un error humano y no tecnológico.

¿Por qué? Los resultados del estudio apuntan a que, cuando las personas conocen la causa del problema de una organización, piensan en las posibilidades que hubiera habido de evitarlo y, sencillamente, los accidentes provocados por un error humano suscitan más alternativas que los de causas tecnológicas, probablemente por la percepción del mayor control sobre los incidentes asociado a los desastres humanos.

Como comentábamos en el capítulo anterior, la mayoría de nosotros sentimos una inclinación natural a restar importancia o incluso a ocultar los errores, especialmente cuando pueden afectar negativamente a algún cliente o compañero de trabajo y, en vista de las evasivas, los afectados por el incidente pueden asumir que el problema se debió a un error humano que podría haberse evitado fácilmente. Aunque hemos defendido la conveniencia de asumir la culpa cuando una persona u organización comete algún error, cuando los problemas se deben realmente a fallos tecnológicos y no a un error humano lo aconsejable es comunicar a todos los interesados este dato minúsculo, pero de vital importancia. Eso sí, asegúrese de dejar claro que ha localizado el problema, dando a entender que tiene la situación bajo control y es capaz de evitar que se repita.

Los retrasos debidos a problemas tecnológicos son el pan nuestro de cada día. Por ejemplo, se calcula que el ciudadano medio británico pierde más de 18 horas al año en retrasos causados por dificultades técnicas en el transporte público, el equivalente a más de 55 días en la vida de una persona. Sin embargo, y pese a que los retrasos de cualquier tipo pueden ser una parte frustrante de la vida, a menudo lo más exasperante es la falta de información sobre la causa del retraso. Por esa razón, si se encuentra en la nada envidiable posición de tener que anunciar un problema o retraso causado por dificultades técnicas, transmita la información lo antes posible a los afectados por el problema. Al hacerlo, ganará en efectividad por dos razones. En primer lugar, dará una imagen de ser atento, informativo y estar de su parte. Y en segundo lugar, estará dejando claro que conoce el origen del fallo y que, por lo tanto, tiene más control de cara al futuro.

32

¿Cuándo las similitudes marcan la diferencia?

En el verano de 1993, el desbordamiento del río Misisipí amenazó con asolar varias ciudades del Medio Oeste americano, como Quincy, en el estado de Illinois. Ante la inminente situación de peligro, cientos de habitantes de Quincy trabajaron día y noche para proteger las zonas vulnerables con miles de sacos de arena, pero el panorama para los vecinos era desolador, ya que los suministros y alimentos disminuían a ritmo constante mientras el cansancio, el pesimismo y, peor aún, el nivel del agua seguían creciendo. A pesar de todo, el estado de ánimo de los voluntarios mejoró considerablemente cuando supieron que los habitantes de una pequeña localidad de Massachussets habían donado una gran cantidad de provisiones que ya estaban en camino.

¿Qué persuadió a los habitantes de una ciudad aparentemente aleatoria para que hicieran gala de tanta generosidad hacia otra localidad situada a 1.600 kilómetros de distancia? ¿Y por qué a Quincy precisamente, y no a alguna de las otras ciudades y pueblos afectados por el desbordamiento del río?

Un número considerable de estudios psicólogos demuestran que tendemos más a seguir la conducta de las personas con las que compartimos características personales, como valores, creencias, edad y sexo, aunque la respuesta a esta pregunta en particular se encuentra en una similitud sutil y aparentemente irrelevante entre ambos municipios. Sólo por el hecho de un topónimo compartido, los habitantes de Quincy (Massachussets) sintieron un vínculo hacia los vecinos de Quincy (Illinois) que fue suficiente como para motivar su generosidad.

¿Cómo se explica lo anterior? Los psicólogos sociales han descubierto que tendemos a albergar sentimientos especialmente positivos hacia algo tan sutil referido a nosotros como es el nombre, una tendencia que se ha manifestado de maneras sorprendentemente poderosas. Por ejemplo, se ha comprobado que las personas son más propensas a acceder a la solicitud de un desconocido que comparte su fecha de nacimiento.

En otra serie de estudios, el investigador Randy Garner distribuyó unas encuestas por correo electrónico a perfectos desconocidos, acompañándolas con una solicitud de cumplimentarla y devolverla, firmada por una persona de nombre similar o distinto al del destinatario. En la condición del nombre similar, un hombre que se llamara Robert Greer, por ejemplo, recibiría la encuesta de otro llamado Bob Gregar, o una mujer de nombre Cynthia Johnston de otra llamada Cindy Johanson. Los nombres empleados en la condición de nombre distinto fueron alguno de los cinco nombres de los ayudantes de investigación que participaron en el estudio.

Las personas que recibieron una encuesta de otra persona de nombre fonéticamente similar eran casi dos veces más dadas a rellenarla y devolverla que los que la recibieron de personas con distinto nombre (el 56% frente al 30%). Además, una vez completada la primera fase del estudio, todos los que habían devuelto la encuesta original recibieron otra encuesta en la que se les pedía que valoraran el papel de diferentes factores en su decisión de devolver el documento. A esta segunda encuesta respondieron aproximadamente la mitad, aunque ninguno de los participantes indicó que el nombre del emisor había afectado a su decisión de cumplimentarla. Estas conclusiones demuestran, a la vez, el poder y la sutileza con la que la similitud afecta a la decisión de las personas de a quién ayudar.

Una implicación de éstas y otras conclusiones similares de la psicología social consiste en que los clientes potenciales pueden ser más receptivos a la comunicación de un vendedor con el que compartan similitudes en diferentes campos, como el nombre, las creencias, el lugar de nacimiento o el centro de estudios. Resaltar las similitudes también puede ser un primer paso cuando se trata de resolver conflictos potencialmente ingratos con los compañeros de trabajo e incluso con los vecinos. Evidentemente, no estamos defendiendo la libre invención de características o atributos compartidos con los demás para ganarnos sus favores, sino que sugerimos que, si en efecto comparte similitudes auténticas con otra persona, las saque a la luz en sus conversaciones antes de comunicarles una solicitud o llevar a cabo una presentación.

33

¿Tu profesión en tu apellido?

En un episodio de la adaptación estadounidense de la teleserie cómica británica *The Office,* el director de la oficina Michael Scott descubre que su servil subalterno Dwight Schrute se ha reunido a escondidas con la alta dirección para convencerlos de que le dieran a él su puesto de trabajo. Para justificar su falta al trabajo, Dwight le dice a Michael que tiene que ir al dentista para que le implanten una corona y, cuando regresa a la oficina, el jefe se interesa por saber cómo le ha ido. Ignorante de que Michael está al tanto de su intento de golpe, Dwight trata de salvar la situación.

> **Michael:** *«Anda, creía que no se podía comer nada durante varias horas cuando te ponen un empaste».*
>
> **Dwight:** [Masticando golosinas]. *«Qué va, ahora hay empastes de secado rápido».*
>
> **Michael:** *«Parece un buen dentista».*
>
> **Dwight:** *«Sí».*
>
> **Michael:** *«¿Cómo se llama?».*
>
> **Dwight:** [Larga pausa]. *«Doctor Crentista».*
>
> **Michael:** *«¿Tu dentista se llama Crentista?».*
>
> **Dwight:** *«Sí».*
>
> **Michael:** *«Vaya, se parece mucho a 'dentista'».*
>
> **Dwight:** *«Tal vez por eso se hizo dentista».*

Aunque la explicación de Dwight sobre la atracción de su doctor Crentista hacia la odontología suena ridícula, por no decir estúpida, los nuevos estudios sostienen que esta teoría podría tener fundamento en la vida real. En el capítulo anterior analizamos cómo las personas tienden a albergar sentimientos más positivos hacia quienes guardan algún tipo de similitud con ellas (y también están más predispuestas a acceder a sus solicitudes), incluso tratándose de factores tan superficiales como un nombre fonéticamente parecido. ¿Pero es posible que el nombre propio pueda afectar a decisiones importantes y tan fundamentales como el tipo de carrera profesional que decidimos emprender o dónde establecemos nuestra residencia?

Los estudios realizados por el científico conductual Brett Pelham y su equipo sugieren que sí, ya que la tendencia a favorecer las asociaciones con nuestro propio nombre ejerce, en efecto, una influencia sutil pero poderosa en las grandes decisiones de la vida. Según los investigadores, existe una razón por la que Pablito se quiera dedicar a clavar clavitos o Enriqueta trabaje enroscando roscas rellenas de rabanitos rojos, y no al revés, y es que las personas se sienten atraídas hacia profesiones con nombres similares al suyo.

Para poner a prueba esta hipótesis, Pelham elaboró una lista de nombres de pila con parecido fonético a dentista, como Dennis, que en los datos del censo aparecía en la posición número 40 entre los nombres masculinos más frecuentes en la población estadounidense en aquella época, con los nombres de Jerry y Walter en el lugar 39 y 41, respectivamente. Con este dato en la mano, Pelham estudió el directorio nacional de la Asociación Americana de Odontólogos para calcular cuántos dentistas tenían alguno de esos tres nombres. Si el nombre de pila no afecta a la trayectoria personal de cada uno, sería de esperar que los números de personas con estos tres nombres que habían optado por la profesión dental fueran más o menos equivalentes.

Pero no fue eso lo que descubrieron, sino que el estudio de ámbito nacional desveló que había 257 dentistas de nombre Walter, 270 que se llamaban Jerry y 482 Dennis. En otras palabras, existe un 82% de probabilidades de que un dentista se llame Dennis, más de lo que sería de esperar si la similitud del nombre no tuviera efecto alguno sobre la opción profesional. Del mismo modo, las personas cuyo nombre empieza por «geo» (George, Geoffrey) tienden de manera desproporcionada a dedicarse a la investigación en las geociencias, como la geología. De hecho, hasta la inicial del nombre influye en la profesión. Por ejemplo, Pelham y su equipo descubrieron que los dueños de ferreterías tienen un 80% más de probabilidades de llevar un nombre que empiece por *h* [de *hardware store,* ferretería en inglés] que por *r*, mientras que los techadores tienen alrededor de un 70% más de probabilidades de que su nombre empiece por *r* [de *roofer,* techador en inglés] que por *h*. Por supuesto, si preguntáramos a mil techadores cuyo nombre empiece por *r* si su nombre ha desempeñado algún papel en la elección de su carrera, seguramente una mitad le tomaría por loco y la otra por estúpido. [Este dato lo comentó recientemente uno de los autores en una conferencia. Un asistente, interesado en resaltar un caso en el que no existía similitud entre el nombre de una persona y su carrera profesional, comentó: «Yo tengo un amigo que se llama Dennis y no es dentista». Cuando otro asistente le preguntó a qué se dedicaba Dennis, dio un gran suspiro y contestó: «En realidad, trabaja en demoliciones»].

Curiosamente, esta tendencia a favorecer situaciones que asociamos con nuestra persona también se aplica a otras áreas importantes de la vida, como por ejemplo nuestro lugar de residencia. Para citar sólo algunas de sus conclusiones, diremos que Pelham y su equipo han demostrado que, de una forma desproporcionada, las personas:

Se mudan a Estados de topónimo similar a su propio nombre. Por ejemplo, las mujeres que se llaman Florence son desproporcionadamente más propensas a establecerse en Florida, y las Louise en Louisiana.

Se trasladan de forma definitiva a ciudades con números similares a su fecha de nacimiento. Por ejemplo, las ciudades con el número dos en su topónimo, como Two Harbors (Minnesota) poseen un número desproporcionado de habitantes nacidos el 2 de febrero (2/2), mientras que las ciudades con el número tres, como Three Forks (Montana) cuentan con un número también desproporcionado de residentes nacidos el 3 de marzo (3/3).

Prefieren calles con nombres parecidos al suyo. En otras palabras, alguien con el apellido Washington es más probable que viva en Washington Street que otra persona apellidada Jefferson.

Se casan con personas de nombre o apellido fonéticamente similar al suyo. Por ejemplo, en igualdad de condiciones si Eric, Erica, Charles y Charlotte se conocen por primera vez, hay más probabilidades de que Erica se enamore de Eric que de Charles, lo contrario que le ocurriría a Charlotte.

Cuando se les pide que confíen en sus sentimientos e intuiciones, prefieren productos cuyas iniciales coincidan con las iniciales de su nombre, de manera que una mujer de nombre Arielle sería más propensa a situar las chocolatinas Aero al principio de su lista de favoritos que alguien llamado Larry, que tendría más tendencia a hacer lo propio con el chocolate Lion.

Para las empresas involucradas en la elección de un nombre para nuevos productos destinados al mercado de masas, este estudio sugiere únicamente que eviten nombres que empiecen por letras inusuales, como *z, x* o *q*, aunque si está diseñando un programa, iniciativa o producto pensado para un cliente concreto, puede aprovechar el poder de la tendencia natural de las personas a sentirse atraídas hacia cosas que les recuerden a ellas mismas cuando llegue el momento de ponerle un nombre. En concreto, sería conveniente basar el título en el nombre del cliente, o por lo menos en su inicial. Por ejemplo, si está considerando presentar una estrategia a Pepsi, tendrá más probabilidades de éxito si la bautiza como Propuesta Pepsi o incluso Plan Peterson y, siempre y cuando el programa esté verdaderamente pensado para un cliente particular, esta técnica no sólo debería ser fructuosa, sino también gratuita.

Igualmente, si le cuesta que su hijo se interese por la lectura, encontrar un libro cuyo título tenga algo en común con él (a Harold o a Harriet les podría ofrecer *Harry Potter)* puede ser justo lo que estaba buscando para que se enganche a él. O si al pequeño Craig o Crystal les da pavor ir al dentista, busque en las Páginas Amarillas alguien con el apellido Crentist…

34

¿Qué debemos tomar prestado de los que aceptan propinas?

Desde las comidas de negocios con clientes hasta las vivencias más edificantes con amigos y familiares, los restaurantes ejercen un papel fundamental en el éxito de nuestras vidas profesionales y privadas. Sin embargo, y pese a que se puede ganar mucho con la interacción con nuestros compañeros de mesa, una de las grandes enseñanzas que podemos aprender de nuestras visitas a un restaurante podría proceder de un grupo de personas totalmente distinto: aquéllos que confían en recibir muchas propinas a lo largo del día y que raramente se ven obligados a repartirlas

En efecto, los camareros, tienen mucho que enseñarnos en materia de persuasión. Por ejemplo, muchos han descubierto que consiguen propinas más cuantiosas cuando repiten los pedidos de los clientes palabra por palabra. Casi todos nos hemos topado alguna vez con un camarero o camarera que toma nota de los platos y dice un pasivo «De acuerdo» o, peor aún, ni siquiera menciona el pedido y, tal vez por eso, no nos sorprenderá saber que preferimos ser atendidos por alguien que no nos deje preguntándonos si la hamburguesa con queso que hemos pedido llegará a la mesa transformada en bocadillo de pollo…

Una investigación de Rick van Baaren puso a prueba la teoría de que los camareros que se ajustan a las verbalizaciones de sus clientes una vez recibido el pedido ven aumentar el tamaño de sus propinas. No vale parafrasear, asentir o un escueto «De acuerdo», sino repetir, palabra por palabra, el pedido del cliente. En un estudio, por ejemplo, sólo con repetir las verbalizaciones de los clientes después de tomar el pedido, las propinas de los camareros de un restaurante aumentaron en casi el 70%.

¿Por qué repetir las palabras de otra persona provoca una respuesta tan generosa de su parte? Quizá tenga que ver con nuestra inclinación natural a preferir a las personas que se nos parecen. De hecho, los investigadores Tanya Chartrand y John Bargh sostienen que imitar la conducta de los demás genera una sensación de simpatía y fortalece los vínculos entre dos personas. En un experimento, los investigadores idearon una interacción breve entre dos personas en la que una de ellas era, en realidad, un ayudante de investigación. En la mitad de los casos, el ayudante de investigación imitaba la postura y el comportamiento del otro participante (es decir, si el participante se sentaba de brazos cruzados y daba golpecitos con el pie, el ayudante de investigación se sentaba de brazos cruzados y daba golpecitos con el pie), mientras que en la otra mitad el ayudante de investigación no repetía sus gestos.

Pues bien, los investigadores descubrieron que los participantes a quienes habían imitado sentían un mayor aprecio hacia el ayudante de investigación y pensaban que la interacción con él había sido más desahogada que aquellos cuya conducta no había sido imitada. De la misma manera, los camareros que copian las verbalizaciones de sus clientes probablemente recojan más propinas por el principio de la simpatía, según el cual queremos ser más atentos y acceder a las peticiones de las personas que nos caen bien.

Recientemente, el investigador William Maddux y su equipo llevaron a cabo una serie de experimentos que examinaban estos procesos en un campo diferente como es el de la negociación y sugerían que la imitación de la conducta en este contexto puede producir mejores resultados no sólo para la persona que imita, sino para ambas partes. En un experimento, pidieron a algunos estudiantes de posgrado que imitaran sutilmente a su socio (por ejemplo, reclinándose en la silla si la otra persona hacía lo mismo) durante una negociación, y a otros no. Cuando una de las partes había recibido instrucciones de imitar a la otra, se llegó a un acuerdo mutuo en el 67% de los casos, lo que contrasta con el mísero 12,5% de la situación contraria. Basándose en datos adicionales del experimento, los investigadores concluyeron que la imitación de la conducta conlleva un aumento de la confianza, lo que a su vez suele provocar que uno de los negociadores se sienta más cómodo revelando detalles necesarios en última instancia para desbloquear un posible punto de impasse y dar vía libre a una situación mutuamente beneficiosa.

Tal vez haya tenido la experiencia de reunirse con un miembro de su equipo o negociar con un adversario y darse cuenta de que lo estaba imitando con su postura, a lo que solemos reaccionar cambiando nuestra postura física para dejar de imitar a la otra persona, como si imitar la conducta no fuera algo deseable. Esta investigación, sin embargo, parece indicar todo lo contrario y defiende que la imitación conlleva un resultado mejor para ambas partes o, cuando menos, que las ventajas que usted obtenga no serán a costa de la otra persona.

Como es lógico, existen otras aplicaciones. Por ejemplo, si trabaja en un contexto de ventas y servicio al cliente, puede fomentar una mejor relación con su clientela empezando por repetirles sus propias verbalizaciones, independientemente de que adopten la forma de un interrogante, una queja o incluso un pedido: «Así que le interesa comprar diez unidades ahora, con la posibilidad de ampliar el pedido a veinte unidades en mayo…».

La información que nos presenta este estudio quedó tristemente demostrada cuando a uno de nosotros le pidieron recientemente que revisara una serie de conversaciones telefónicas grabadas por un centro de atención al cliente. Una clienta bastante indignada llamó pidiendo hablar con el encargado porque estaba molesta por una promesa concreta que la compañía no había cumplido.

«Lamento que esté disgustada», contestó el agente de servicio al cliente. «No estoy disgustada, estoy enfadada», replicó la cliente, subiendo cada vez más la voz. «Ya me doy cuenta de que está afectada». «¿Afectada? No estoy afectada, ¡estoy enfadada!», gritó la cliente. A partir de ahí, la conversación se fue convirtiendo en una batalla de voluntades y el enfado de la clienta crecía por la reticencia a admitir que estaba enfadada, cuando la simple repetición de sus palabras exactas podría haber desembocado en un resultado diferente. «Lamento que esté enfadada. ¿Qué podemos hacer para resolver la situación?» hubiera sido una respuesta mejor y que cualquiera de nosotros puede emplear satisfactoriamente para mejorar nuestras relaciones con los demás.

La moraleja de esta historia es que podemos aprender mucho de cómo persuadir a los demás observando las interacciones entre camareros y clientes. Dicen que la imitación es el mejor halago, pero estas estrategias indican que, además, es una de las técnicas más básicas de persuasión.

35

¿Qué clase de sonrisa es contagiosa?

«No abra una tienda a menos que le guste sonreír», advierte un sencillo e instructivo proverbio chino. Todos hemos oído hablar de la importancia de la sonrisa en la atención al cliente, pero ¿son todas las sonrisas iguales? ¿O es posible que su forma de sonreír tenga un efecto positivo sobre los que la vean?

La científica social Alicia Grandey y su equipo se preguntaron si todos los tipos de sonrisas son igualmente efectivas en términos de satisfacción del cliente y, basándose en conclusiones anteriores que demostraban que las personas a menudo distinguen entre una sonrisa sincera y otra que no lo es, el equipo de investigación llegó a la teoría de que la sinceridad de la sonrisa del personal de atención al cliente podría influir en la satisfacción de éste, incluso si la diferencia entre ambos tipos de sonrisa sea sumamente sutil.

Para verificar esta teoría, los investigadores diseñaron un estudio en el que los participantes tenían que ver varios vídeos de una conversación entre una recepcionista de hotel y un cliente que llegaba para registrarse y debían responder a la pregunta de hasta qué punto se habrían sentido satisfechos con la interacción si hubieran sido el cliente. Sin saberlo los participantes, el vídeo se había escenificado con actores que hacían el papel de la recepcionista y el cliente, claro que, aunque el guión en todos los casos era idéntico, el investigador variaba las instrucciones que daba a la actriz que interpretaba a la empleada del hotel. En uno de los casos, se le pedía que provocara una sensación positiva en el cliente y pensara en cómo podía favorecer una buena sensación en él (la condición sincera), mientras que en el otro la actriz tenía que sonreír a lo largo de la conversación (la condición falsa). Además, los investigadores variaban la forma en que la empleada del hotel realizaba sus tareas (bien o mal). La primera conclusión no podía ser más obvia: los observadores registraron una mayor satisfacción cuando la empleada del hotel realizaba bien su trabajo que cuando lo hacía mal. Respecto a la segunda, cuando no realizaba bien su trabajo, la sinceridad de su sonrisa no variaba demasiado la satisfacción; por el contrario, cuando las tareas eran realizadas correctamente, los espectadores del vídeo de la sonrisa sincera afirmaron que estarían más satisfechos con la atención al cliente que los que vieron el vídeo de la sonrisa falsa.

En un segundo estudio, ambientado en un contexto más natural, los investigadores preguntaron a clientes de restaurantes aleatorios sobre su grado de satisfacción con el servicio de los camareros y su percepción de la sinceridad en la actitud positiva hacia ellos. De forma coherente con los resultados del otro estudio, los clientes que percibían la sinceridad de sus camareros en los gestos positivos hacia ellos estaban más satisfechos con el servicio.

Los resultados de esta investigación sugieren una revisión del viejo dicho «sonríe y llegarás lejos», puesto que una sonrisa fingida a veces se recibe con el ceño fruncido. Si esto es así, ¿cómo podemos tener y fomentar que otros tengan experiencias positivas más sinceras?

Una posibilidad para los directores de empresas de servicios podría pasar por impartir formación en técnicas emocionales a sus empleados, para enseñarles a regular y mejorar su estado de ánimo. Al fin y al cabo, un empleado descontento y obligado a sonreír tiene todas las bazas de suscitar interacciones de mala calidad, lo que a la larga conlleva una menor satisfacción del cliente. Sin embargo, este tipo de formación a menudo requiere grandes cantidades de tiempo y dinero.

Un segundo planteamiento, más general y que todos podemos adoptar es seguir el consejo de Benjamin Franklin cuando instaba a buscar las virtudes en los demás. Lo cierto es que a veces dedicamos demasiado tiempo a buscar fallos en los demás y, si en lugar de eso, intentáramos analizar su carácter para encontrar lo que nos gusta de ellos, nos caerían mejor y, como resultado, también les caeríamos mejor a ellos. Al final, todos salimos beneficiados. Además, se trata de un enfoque muy útil en el trato con un superior. Por poner un ejemplo, uno de nosotros tiene una amiga que estaba pasando por una relación complicada con su jefe; apenas se veían cara a cara, pero eso no era todo: ella sentía verdadera antipatía hacia su persona. Un buen día se propuso seguir el consejo de Franklin y, aunque su jefe no era exactamente la amabilidad personificada dentro de los límites de la oficina, resultó que estaba entregado a su familia, un rasgo que ella admiraba sinceramente. Cuando se centró en esta cualidad, poco a poco empezó a encontrarle cada vez más simpático, hasta que un día le dijo que admiraba lo entregado que estaba a su familia y lo hizo con toda sinceridad. Cuál sería su sorpresa cuando, el día siguiente, él se presentó en su despacho para ofrecerle una información de primera mano que le era de gran utilidad… y que ella está segura que, de otra manera, jamás le habría informado.

36

¿Que nos enseña la acumulación de paños de cocina?

Inmediatamente tras la noticia de la muerte del Papa Juan Pablo II en la noche del 2 de abril de 2005, algo extraño sucedió: sin explicación aparente, multitudes de personas se arremolinaron en las tiendas de recuerdos para comprar todo tipo de objetos conmemorativos, como tazas de café o cucharillas de plata. Una reacción de estas características sería del todo lógica si aquellas personas estuvieran adquiriendo alguna baratija o artículo donde figurara el retrato de Juan Pablo II como recuerdo de su reinado a la cabeza de la Iglesia Católica, pero aquellos objetos no sólo no contenían la figura del Papa recientemente fallecido, sino que, además, la estampida consumista no se había producido ni en la Ciudad del Vaticano, ni en Roma ni en Italia. Aquel suceso tuvo lugar a más de miles de kilómetros de distancia, aunque es innegable la influencia del fallecimiento del Papa en aquella curiosa reacción.

El Papa Juan Pablo II, a quien con frecuencia se le ha reconocido como una fuerza notable en la caída del comunismo, también ejercía una gran influencia en cuestiones como el consumismo o el aborto... ¿pero en tazas de café? Aquellas no eran tazas de café cualquiera, sino reales, con motivo del enlace entre el príncipe Carlos de Inglaterra y Camilla Parker Bowles, celebrado el 8 de abril de 2005 en Windsor. En realidad, las tazas de café no fueron el único objeto que atrajo una gran demanda; los servicios de té, cucharillas de plata, paños de cocina, alfombrillas de ratón y llaveros también fueron el objetivo de más de un caza-recuerdos. ¿Cuál pudo ser la causa de una estampida tan atípica?

El lunes 4 de abril de 2005, el Vaticano anunció que el funeral del Papa Juan Pablo II se celebraría en Roma el viernes siguiente, precisamente el día en que estaba programada la boda real. En señal de respeto y para permitir que el príncipe de Gales asistiera al entierro, la familia real británica cambió precipitadamente la fecha del enlace, que tendría lugar un día después, el sábado 9 de abril de 2005. Como resultado, todas las tiendas de recuerdos de Windsor se encontraron con los estantes llenos de artículos marcados con la fecha errónea y, ante la posibilidad de obtener un beneficio económico, la gente empezó a comprar aquellos objetos, seguramente convencidos de poder revenderlos posteriormente en eBay o a algún coleccionista interesado.

Aquellos recuerdos con la fecha equivocada pronto se convirtieron en un primer sello de correos con error de imprenta de la era moderna y, cuando se corrió la voz sobre la demanda de estos objetos, aumentó todavía más el número de compradores. Al cabo de poco tiempo, las tiendas vendieron todas sus existencias. Los periodistas que se habían desplazado hasta Windsor para cubrir la historia de la boda real entrevistaban a las personas que salían de las tiendas, armadas con bolsas de recuerdos, para preguntarles si eran compradores habituales de este tipo de objetos y la mayoría respondían que no. Aquellos caza-recuerdos no obedecían a la necesidad de una taza de café, a la calidad del producto o ni siquiera a su conexión con el enlace real, sino que su única motivación era que aquel error en la fecha pudiera tener algún valor en el futuro.

A lo largo de las cinco últimas décadas, los estudios científicos sobre la persuasión han concluido una y otra vez que concedemos más valor a los objetos raros y únicos, es decir, queremos más un artículo cuando sabemos que es escaso y que está disponible sólo en cantidades limitadas y durante un período de tiempo concreto. En el caso de los recuerdos reales, la gente debió de asumir que los dueños de los comercios tirarían los objetos con la fecha errónea a carretadas a causa de la falta de imprenta. Lo curioso fue que, dado que aquella ceremonia no fue precisamente uno de los acontecimientos reales más populares de los últimos tiempos, cuando las tiendas, al cabo de varios días, volvieron a disponer de recuerdos con la fecha correcta de la boda, más personas poseían un recuerdo con la fecha equivocada que con la correcta. Al final, los recuerdos con la fecha errónea, aunque se les suponía escasos, eran en realidad más comunes y, por lo tanto, valían menos.

Sin embargo, hubo algunos compradores perspicaces que, supuestamente, regresaron a las tiendas varios días después para adquirir el mismo objeto con la fecha revisada, conscientes de que, a la luz de la estampida, lo más raro de todo sería el juego completo, por ejemplo dos tazas idénticas, una con la fecha correcta y otra con la equivocada.

¿Qué podemos aprender de este suceso para ser más persuasivos? Si dirige un negocio, informe a sus clientes de lo que sus productos y servicios tienen realmente de poco comunes y únicos, puesto que resaltar las características que tenga su producto y no la competencia puede ser una forma poderosa de conseguir el sí para su oferta, y el no para la de la competencia. Del mismo modo, sus compañeros de trabajo pueden ser más propensos a echarle una mano en un proyecto o iniciativa si les habla de su singularidad: «No solemos tener la oportunidad de participar en una iniciativa como ésta». Hasta los miembros de su familia pueden verse más inclinados a responder si les explica que su tiempo y ayuda son limitados y decrecientes. Así, si señala simple y honestamente el hecho de que sus productos, servicios, tiempo y ayuda son escasos, estará confiriéndoles un mayor valor, hasta el punto de que los demás los apreciarán más a ellos y también a usted. Después de todo, por lo general decimos que sí a quienes apreciamos.

Existen bastantes estudios científicos que sustentan el poder de la escasez para influir en la toma de decisiones, aunque también podemos observar este principio en acción en la vida diaria. En los últimos años hasta el espíritu navideño escasea y los padres se enzarzan en batallas campales unos contra otros para conseguir consolas a punto de agotarse. En el Reino Unido, la escasez de petróleo en el verano de 2000 provocó conductas extraordinarias de personas que luchaban por hacerse con un combustible tan limitado. En otro ejemplo, inmediatamente después de que British Airways anunciara en febrero de 2003 que iba a dejar en tierra permanentemente al Concorde, las ventas de billetes despegaron. Y en octubre de 2003 la idea de la pérdida hizo que miles de personas detuvieran sus vehículos y bloquearan una autovía principal sólo para ver el último despegue del Concorde, que pudo verse todos los días durante casi treinta años.

Todos hemos experimentado los efectos psicológicos del principio de la escasez en nuestras vidas, aunque hay un área menos tangible en la cual este principio funciona tanto sutil como poderosamente: el campo de la información. Los estudios han demostrado que la información exclusiva se considera, a la vez, más valiosa y más persuasiva. Por ejemplo, en un estudio realizado por el investigador Amram Knishinsky, los compradores de ternera al por mayor duplicaron con creces sus pedidos cuando se les informó de la posible escasez de ternera australiana debido a las condiciones climatológicas en el país, en una clara demostración del efecto de la escasez sobre los propios artículos. Además, cuando se explicó que la información provenía de una fuente exclusiva y no estaba disponible para el resto del público (ambos datos de escasez eran ciertos), aumentaron sus pedidos en un extraordinario 600%.

Estas conclusiones aportan información y aplicaciones evidentes que otorgarán una mayor persuasiva a sus solicitudes y, a su vez, harán que más personas las acepten. Si le llega información que sólo usted dispone pero no recalca su exclusividad podría estar desaprovechando una oportunidad excelente para emplear una técnica de influencia ética y efectiva.

37

¿Qué se gana perdiendo?

El 23 de abril de 1985, la compañía Coca-Cola tomó una decisión que la revista *Time* calificaría después como el «fiasco mercadológico de la década», al retirar del mercado su fórmula tradicional y sustituirla por la New Coke más dulce, como respuesta al dato de que más personas preferían el sabor endulzado de Pepsi. Según un artículo de prensa, «la compañía Coca-Cola no fue capaz de predecir el sentimiento de absoluta frustración y furia que acabaría provocando la medida. De Bangor a Burbank, de Detroit a Dallas, decenas de miles de amantes de la Coca-Cola se levantaron todos a una para denunciar el sabor del nuevo refresco y exigir que les devolvieran el antiguo».

Quizá, el ejemplo más extremo de aquella mezcla de escándalo y nostalgia lo personificó un inversor jubilado de Seattle, llamado Gay Mullins, que se convirtió en una especie de celebridad nacional al fundar la sociedad Old Cola Drinkers of America [Bebedores de la Antigua Coca-Cola de América], un amplio grupo de personas que trabajaron sin descanso para devolver la fórmula tradicional al mercado mediante todos los medios civiles, judiciales y legislativos a su alcance. Mullins abrió una línea telefónica en la que los ciudadanos podían desahogar su indignación y registrar sus opiniones, y que recibió más de 60.000 llamadas. También distribuyó miles de chapas y camisetas anti New Coke e incluso intentó entablar una demanda colectiva contra la compañía Coca-Cola, que fue rápidamente desestimada por un juez federal. Lo más sorprendente de la conducta de Mullins fue que no le importaba el hecho de que en las pruebas ciegas él mismo prefiriera la nueva Coke a la original o no fuera capaz de diferenciarlas.

Mullins otorgaba menos valor a sus preferencias de gustos que a lo que creía estar perdiendo, aunque volveremos a esa idea más adelante. Por el momento destacaremos que, incluso después de ceder a las exigencias de los consumidores y devolver la Coca-Cola original a los lineales, durante un tiempo los directivos de la compañía siguieron afectados y un tanto perplejos por lo que había sucedido. Donald Keough, entonces presidente de la compañía, dijo lo siguiente acerca de la acérrima fidelidad de los clientes de la Coke original: «Es un maravilloso misterio americano, un precioso enigma. No se puede medir, por la misma razón que no se puede medir el amor, el orgullo o el patriotismo».

Nosotros no estamos de acuerdo: en primer lugar, no se trata de ningún misterio si se conoce la psicología del principio de la escasez y, concretamente, cómo se relaciona con la sensibilidad de las personas cuando pierden algo que tenían, sobre todo en el caso de un producto tan integrado en las vidas y costumbres de personas de todo el mundo como es la bebida de cola.

En segundo lugar, esa inclinación natural de los bebedores de Coca-Cola no sólo es mensurable, sino que, en realidad, la compañía Coca-Cola la había calculado nada menos que en sus propios estudios de mercado. Lo tenían delante de las narices antes de decidir aquel cambio infame, pero no habían ampliado sus propios datos con el conocimiento de los factores de la influencia social.

Tengamos en cuenta, además, que una compañía como Coca-Cola no solo no escatima gastos en investigación de mercado, sino que está dispuesta a destinar millones de dólares para asegurarse de haber analizado el mercado correctamente antes de lanzar nuevos productos. De hecho, antes de tomar la decisión del cambio a la New Coke, analizaron cuidadosamente entre 1981 y 1984 la fórmula nueva y la antigua en casi 200.000 habitantes de 25 ciudades. Lo que descubrieron en sus pruebas de sabor, casi todas ciegas, fue la clara preferencia (de entre un 55% y 45%) hacia el nuevo refresco frente al viejo. Sin embargo, algunas de las pruebas no se realizaron con muestras sin marcar, sino que a los participantes se les dijo de antemano cuál era la New Coke y cuál la antigua y, en estas condiciones, la preferencia hacia la nueva fórmula aumentaba en un 6% adicional.

¿Cómo se ajusta eso al hecho de que los consumidores expresaran una clara preferencia hacia la vieja Coca-Cola cuando la compañía finalmente introdujo la nueva variedad? La única explicación posible pasa por aplicar el principio de la escasez a la hipótesis final, en el sentido de que durante las pruebas de sabor el artículo no disponible era el nuevo refresco y, por esa razón, cuando sabían cuál era cada muestra, demostraban una preferencia particularmente alta hacia lo que no podían tener. Posteriormente, cuando la compañía sustituyó la receta tradicional por la nueva, la vieja Coca-Cola pasó a ser el producto que no estaba disponible y, por lo tanto, se convirtió en su favorita.

Aquel incremento del 6% en la preferencia hacia la nueva Coca-Cola constaba en los estudios de la compañía cuando los directivos analizaron las diferencias entre los resultados de las pruebas de sabor ciegas e identificadas. El problema, sencillamente, es que lo interpretaron mal. Probablemente pensaron que cuando los consumidores saben que están recibiendo algo nuevo, su deseo hacia él aumenta, cuando lo cierto es que aquel 6% significaba que cuando los consumidores son conscientes de lo que no pueden comprar es cuando realmente aumenta su deseo hacia ese producto.

Con más fuerza aún que simplemente suprimir la disponibilidad de un producto, retirar la Coca-Cola original de los lineales implicaba que los aficionados de toda la vida estaban perdiendo algo que solían tener disponible de manera habitual; la tendencia a ser más sensibles ante una posible pérdida que ante una posible ganancia es una de las teorías más documentadas de la ciencia social. Los investigadores conductuales Daniel Kahneman y Amos Tversky fueron los primeros en demostrar y documentar la noción de la aversión a la pérdida, que explica bastante bien el comportamiento humano en ámbitos como las finanzas, la toma de decisiones, la negociación y la persuasión.

Por ejemplo, la aversión a la pérdida suele empujar a los inversores inexpertos a vender prematuramente las acciones que han adquirido valor, por temor a perder lo que ya han ganado. Del mismo modo, el deseo de evitar cualquier posibilidad de pérdida también provoca que esos mismos inversores se aferren a las acciones que han perdido valor desde la fecha de su compra. Puesto que vender las acciones en ese momento supondría, formal e irrevocablemente, una pérdida de la inversión, muchos inversores se muestran reticentes a hacerlo, decisión que a menudo resulta en futuros descensos en el precio de las acciones.

La aversión a la pérdida también es importante desde el punto de vista mercadológico. En términos generales, los mercadólogos y publicitarios se concentran en transmitir el mensaje de las ventajas de sus productos a los clientes potenciales y, al hacerlo, a menudo orientan sus comunicaciones hacia lo que los clientes prospectivos pueden ganar con el producto y podrían estar perdiendo la oportunidad de presentar sus mensajes de una manera mucho más persuasiva si se centraran en lo que el público puede perder. En lugar de utilizar frases como «Aproveche esta oportunidad y pruebe nuestra nueva línea de producto al 20% de descuento», podrían tener más éxito si dijeran: «No se pierda esta oportunidad y pruebe nuestra nueva línea de producto al 20% de descuento». En el último ejemplo, estarían llamando la atención a los consumidores de que, dado que la oferta es escasa por alguna razón (por ejemplo, por un tiempo limitado), corren el riesgo de quedarse sin la posibilidad de adquirir los productos con el descuento actual.

Igualmente, si espera poder convencer a sus compañeros para que trabajen con usted en un proyecto concreto, es importante que enfatice no sólo lo que pueden ganar en términos de oportunidades y experiencia, sino también lo que pueden perder si no lo hacen. De hecho, los estudios realizados por la científica social Marjorie Shelly demuestran que las pérdidas potenciales ocupan un papel mucho más prominente en la toma de decisiones de los directivos que los mismos factores presentados como ganancias. Por ejemplo, pongamos que usted ha tenido una idea que, de adoptarse, producirá potencialmente unos ahorros de hasta 100.000 euros al año para su departamento. En lugar de presentar su idea como un ahorro, puede que tenga mayor capacidad persuasiva si enfoca la iniciativa en términos de los 100.000 euros que podrían perderse en caso de no aceptar la propuesta.

La noción de pérdida también es irresistible en el contexto de los mensajes que recibimos. Haciéndose pasar por representantes de una compañía de local de suministros públicos, los investigadores de la Universidad de California descubrieron que un grupo de propietarios de viviendas presentaban hasta un 300% más de probabilidades de llevar a cabo las mejoras recomendadas en eficiencia energética en su hogar si les explicaban que, de no hacerlo, continuarían perdiendo una media de 50 centavos al día, que si les decían que podrían ahorrarse la misma cantidad de dinero. Observe que en este ejemplo no hay ninguna diferencia económica entre ambos mensajes, ya que los 50 céntimos son los mismos, aunque psicológicamente el mensaje orientado hacia la pérdida generó una persuasiva tres veces superior.

Por último, cabe recordar que esta estrategia puede conseguir que nos dejemos influir debidamente. Por ejemplo, los negociadores astutos (o incluso los vendedores de coches) esperan hasta justo antes del trato final para lanzar una oferta de todo o nada, difícil de rechazar, conocedores de que los clientes serán reacios a abandonar el trato porque hacerlo significaría perder mucho tiempo, esfuerzo y oportunidades (también llamados costes irrecuperables). Si usted cree que un vendedor está manipulando su aversión a la pérdida de esta manera, asegúrese de que sea él quien acabe lamentando lo que se ha perdido.

38

¿Qué palabra puede reforzar sus intentos persuasivos?

Vamos a ver al mago,
Al maravilloso mago de Oz.
Porque, porque, porque, porque, porque...
Porque hace cosas maravillosas.

Basada en la famosa novela infantil de L. Frank Baum, la película *El mago de Oz,* de 1939, sigue siendo una favorita tradicional entre el público familiar. Muchos conocemos las aventuras de Dorita y sus amigos, el espantapájaros, el hombre de hojalata y el león, durante su peligroso viaje por el sendero de baldosas amarillas. Está claro que el mago de Oz les había convencido de que valía la pena ir a verlo, pero ¿qué puede enseñarnos la melodía que entonan los cuatro viajeros si queremos persuadir satisfactoriamente a los demás para que sigan los caminos que les ponemos delante?

Pensemos en las colas. Cuando va al banco, al supermercado o al parque de atracciones, hacer cola no es exactamente su idea de diversión, y, considerando la motivación casi universal de llegar al principio lo antes posible, ¿bajo qué circunstancias estaría dispuesto a dejar que una persona se le ponga delante? Uno de los temas centrales en este libro defiende que los pequeños cambios en la manera en que se transmiten las solicitudes a menudo producen resultados llamativos, pero ¿es posible que una sola palabra pueda aumentar drásticamente la probabilidad de que acabe accediendo a su petición?

Sí, esa palabra es *porque.* La científica conductual Ellen Langer y su equipo decidieron comprobar el poder persuasivo de esta conjunción y, en un estudio, pidieron a una desconocida que se acercara a una persona haciendo cola para la fotocopiadora y le dijera únicamente: «Perdone, tengo cinco páginas. ¿Puedo usar la fotocopiadora?». Ante esta solicitud directa de saltarse la fila, el 60% de las personas permitieron que la desconocida se colocara delante, aunque cuando la petición se formulaba de la siguiente manera: «¿Puedo usar la fotocopiadora? Porque tengo llego muy tarde», casi todos accedieron (el 94%). Tal vez, este dato no sorprenda si tenemos en cuenta que una razón de peso justifica la propia petición.

El estudio adquirió un cariz francamente interesante cuando Langer probó otra versión de la petición. Esta vez, la desconocida también empleó la palabra «porque», aunque seguida de una razón completamente carente de sentido. En concreto, dijo: «¿Puedo usar la fotocopiadora? Porque tengo que hacer unas copias». ¿Porque tiene que hacer unas copias? Desde luego que quiere usar la fotocopiadora para hacer unas copias, no la va a utilizar para afilar el lapicero, ¿no? Pues pese a la vacuidad tautológica del motivo que ofreció aquella desconocida, generó casi el mismo nivel elevado de cumplimento que la razón legítima (el 93%).

El estudio de la fotocopiadora demuestra la influencia motivadora sin excepción de la palabra porque, que debe su poder persuasivo a la continua asociación a lo largo de nuestras vidas entre ella y los buenos argumentos que suelen seguirla («porque me ayudaría a conseguir el ascenso», «porque llego tarde», «porque la selección inglesa tiene algunos de los mejores delanteros del mundo»...).

Por supuesto, y como todo, su poder tiene límites. En el estudio de las fotocopiadoras, el cumplimiento fue igual de elevado independientemente del motivo que se ofreciera, porque en aquel caso la petición era pequeña; al fin y al cabo, la desconocida sólo estaba pidiendo hacer cinco copias. Para comprobar lo que sucedería con un favor más amplio, Langer introdujo otra serie de condiciones experimentales. Ahora, la desconocida pediría al grupo de participantes que le dejaran hacer veinte copias. Cualquiera que haya usado una fotocopiadora alguna vez sabe que las posibilidades de que la máquina se atasque parecen incrementar exponencialmente con cada página de más, por lo que la reacción de los participantes a esta petición podría afectarles mucho más que en el otro caso.

Esta vez, cuando la desconocida transmitió su petición sin utilizar la palabra porque, sólo accedió el 24% y cuando ofreció una razón inconexa («porque necesito hacer copias»), no se produjo ningún incremento en el cumplimiento. Sin embargo, cuando este favor iba acompañado de una buena razón («porque llego muy tarde»), el índice de respuesta se duplicó. Combinados, los resultados de este estudio sugieren que cuando hay poco en juego la gente parece más dispuesta a tomar atajos mentales en sus decisiones de comportamiento, en lugar de pensar seriamente en el tema. Por otro lado, cuando hay mucho en juego, las personas tienen realmente en cuenta la solidez del argumento del que pide el favor antes de decidir cómo responder.

Estas conclusiones nos recuerdan que debemos acompañar nuestras peticiones con una argumentación sólida, incluso si creemos que los motivos pueden ser razonablemente obvios. Por ejemplo, cuando fije una reunión con un cliente o le pida a un compañero que colabore en un proyecto nuevo, dígales el motivo de su petición. Puede que suene obvio, pero también es cierto que con demasiada frecuencia asumimos que los demás comprenden los motivos de nuestras peticiones.

Esta estrategia también debería proporcionar beneficios en casa. En lugar de pedir a sus hijos que vengan a la mesa o se acuesten inmediatamente, una estrategia más efectiva sería razonar con ellos por qué les pide que tomen esa acción (y no sólo «porque lo digo yo»).

Cabe destacar que la conjunción porque funciona en dos direcciones y también conviene pedir a los demás sus porqués. Suponga que trabaja en una empresa informática y sus clientes antiguos están acostumbrados a hacer negocios con ustedes, aunque cada año que pasa sus razones para seguir con su empresa han ido perdiendo importancia o incluso han quedado sumidas en el olvido. En consecuencia, su negocio podría quedarse en una situación de vulnerabilidad frente a la competencia. Una forma efectiva de reforzar sus vínculos empresariales y la confianza de sus clientes para con su empresa es que los puestos decisorios de la empresa de su cliente expliquen los motivos por los que hacen negocios con usted, tal vez a través de encuestas de opinión en la que los clientes describan por qué les gusta tratar con su empresa. La investigación de Gregory Maio y su equipo sugiere que este procedimiento fortalece el compromiso de sus clientes de cara a su empresa, al recordarles que la relación continuada es racional, no sólo habitual. En otras palabras, pida que los demás le expliquen sus porqués y, como Dorita y sus compañeros de viaje, acabarán colmándole de alabanzas.

39

¿Cuándo puede ser un error preguntar por todas las razones?

«Ante todo, no haré daño». Aunque el juramento hipocrático corresponde primero y sobre todo a las obligaciones de los profesionales de la medicina respecto a sus pacientes, sin duda es válido en cuanto a las obligaciones de los anunciantes respecto a los productos que están intentando vender, en el sentido de no dañar las ventas de los bienes y servicios, pero ¿en qué casos un redactor publicitario bienintencionado acaba empujando a los clientes potenciales hacia la competencia?

En el capítulo anterior vimos cómo pedir a los demás sus motivos a favor de determinada postura puede ser una estrategia altamente efectiva a la hora de reforzar su convicción en ese sentido y, aplicando esa teoría a los anuncios, parece sabio animar a los consumidores a que piensen en todas las razones posibles para elegir nuestros productos y servicios. Sin embargo, las últimas investigaciones sugieren que, en determinadas circunstancias, esta técnica puede ser contraproducente.

Imagínese que está tratando de decidir la compra de un nuevo automóvil de gama alta y ha reducido sus opciones a BMW y Mercedes. Abre una revista y ve un anuncio de BMW con el siguiente titular: «¿BMW o Mercedes? Hay muchas razones para escoger un BMW. ¿Podría nombrar diez?».

En un estudio realizado por Michaela Wänke y su equipo, un grupo de estudiantes de empresariales leyó precisamente ese anuncio y algunos más, mientras que otro grupo de la misma universidad vio uno ligeramente distinto, que decía: «¿BMW o Mercedes? Hay muchas razones para escoger un BMW. ¿Podría nombrar una?» (con énfasis en «una»).

Posteriormente, a los participantes se les pidió su opinión sobre BMW y Mercedes, incluido su interés en comprar, algún día, un vehículo de alguna de estas marcas. Los resultados fueron rotundos: el texto publicitario que pedía a los lectores que nombraran diez razones para elegir un BMW conllevó valoraciones peores del BMW y mejores del Mercedes que el anuncio que pedía sólo una razón.

¿Cuál es la causa de este efecto contraproducente? Los investigadores explican que los participantes del estudio basaron sus juicios del BMW en lo fácil que les resultaba enumerar razones a favor de esa marca, puesto que, cuando se les pedía que nombraran sólo una, los participantes podían hacerlo sin dificultad, aunque cuando se enfrentaban a la idea de nombrar diez, la tarea se volvía complicada. En lugar de utilizar el número de razones que se les ocurrieron como el mejor indicador de sus valoraciones, los participantes basaron su opinión en la facilidad o dificultad del proceso de pensar en ellas. Más generalmente, los psicólogos se refieren a esa facilidad o dificultad de experimentar algo como la fluidez de la experiencia, un concepto al que regresaremos más adelante.

Los datos de este estudio nos enseñan que, antes de pedir a su público que genere múltiples razones en apoyo de su postura, conviene considerar la facilidad con la que podrán llevarlo a cabo y, si la tarea se antoja medianamente complicada, pídales mejor que ideen sólo unas cuantas. Las conclusiones también sugieren una estrategia bastante irónica, en el sentido de que podemos crear una ventaja competitiva pidiendo a nuestro público que piense en un gran número de razones a favor de la oferta de un competidor. Cuanto más les cueste encontrar ese número elevado de motivos, mejor parados saldrán nuestros artículos, servicios e iniciativas en comparación.

Otro estudio ha demostrado que la facilidad o dificultad de imaginarse a uno mismo utilizando un producto también afecta a las decisiones de consumo. En ese sentido, la investigación realizada por la científica social Petia Petrova pone en evidencia que animar a los clientes a imaginarse experimentando las exquisiteces de un restaurante o disfrutando de un destino turístico sólo aumenta el deseo de visitarlo si es fácil de imaginar.

Tal vez quiera considerar hasta qué punto su producto o, en un sentido más amplio, su petición de la conducta que le gustaría que adoptara su público, incluye acciones novedosas o ajenas a él. Por ejemplo, puede que desee persuadir a un grupo de consumidores de que adquiera un producto nuevo que comercializa su compañía, aunque si el producto incluye prestaciones técnicas complejas con las que el grupo tiene ninguna o poca experiencia y que no se han explicado a fondo todavía, puede resultarles difícil imaginarse usando el producto, y eso restará probabilidades de que lo elijan.

Otro campo en el que estas conclusiones son tremendamente importantes es el de la creatividad publicitaria. Los directores de arte suelen disponer de rienda suelta para generar imágenes vistosas y memorables, aunque en ocasiones acaban con imágenes abstractas, sin considerar cómo afectan a la capacidad del público objetivo de visualizarse usando el producto. Esta investigación demuestra que las imágenes concretas pueden ser más efectivas que las abstractas. Además, el proceso de toma de decisiones en estos casos puede mejorarse mediante una mayor colaboración con los redactores publicitarios antes de probar suerte con los anuncios y programando encuestas en grupo, diseñadas específicamente para entender lo fácil o difícil que le resulta al público relevante imaginarse en esas situaciones.

40

¿Por qué la simplicidad de un nombre le añade valor?

Ante la peliaguda pregunta de qué haría el mercado bursátil a continuación, se dice que J.P. Morgan contestó con un escueto «Fluctuará». ¿Cómo puede el poder de la simplicidad (especialmente en el nombre de un producto, proyecto o incluso de una empresa) ayudarle a mejorar su capacidad de influencia?

Según los científicos sociales Adam Alter y Daniel Oppenheimer, las personas tienden a sentir más afecto hacia las palabras, nombres y símbolos fáciles de pronunciar (que poseen un mayor grado de fluidez) porque producen una sensación más positiva que los nombres difíciles. Una consecuencia de esta tendencia psicológica es que cuanto más fácil sea la lectura o pronunciación de un nombre o símbolo bursátil de una compañía, más valiosa parecerá ésta, con el consiguiente aumento del precio de sus acciones.

Para comprobar esta hipótesis mediante un estudio controlado, Alter y Oppenheimer inventaron nombres de valores bursátiles ficticios (fluidos y no fluidos) y, explicando a los participantes que se trataba de empresas reales, les pidieron que calcularan el rendimiento futuro de sus valores. Los resultados fueron evidentes, puesto que no sólo los participantes predijeron que los valores pronunciables (Slingerman, Vander, Tanley) desbancarían a los otros (Sagxter, Frurio, Xagibdan) sino que, además, pronosticaron que los primeros aumentarían en valor, mientras que los segundos descenderían.

Para descubrir si lo mismo podía aplicarse al mundo real, Alter y Oppenheimer seleccionaron aleatoriamente a 89 compañías que cotizaban en la Bolsa de Nueva York y habían realizado su oferta pública inicial entre 1990 y 2004. A continuación, observaron la relación entre la fluidez del nombre bursátil y su rendimiento a un día, una semana, seis meses y un año de su entrada en Bolsa, para descubrir que si una persona había invertido 1.000 dólares en las diez compañías de nombre más fluido de la lista, la inversión habría superado a sus rivales en el grupo de las diez compañías de nombre menos fluido en cada uno de los períodos designados, con una diferencia de 333 dólares a sólo un año de la oferta pública inicial. Además, en otro estudio los autores separaron a más de 750 compañías cotizadas en la Bolsa de Nueva York y en la Bolsa Americana dependiendo de si su símbolo bursátil era pronunciable (KAR) o no (RDO), y llegaron a conclusiones similares.

¿Recomendamos, entonces, que cambie inmediatamente sus acciones de Mxyzptlk Holding Corp. por acciones de Yahoo, despida a su asesor financiero y organice un mercadillo en el jardín de su casa para deshacerse de su ruleta y de su juego de dardos? No exactamente, aunque sí le aconsejamos que no subestime el poder de la simplicidad, ni siquiera en el nombre con el que bautice a su empresa, producto o iniciativa. A menudo, las personas se centran tanto en otros aspectos, aparentemente más influyentes, de sus proyectos que pasan por alto el primer dato que recibe su público: el nombre. En igualdad de condiciones, cuanto más fácil sea su lectura y pronunciación, más probabilidades habrá de que los clientes, accionistas potenciales y otros decisores lo consideren favorablemente.

En esa misma línea, los investigadores han descubierto que la persuasiva de un mensaje escrito se ve influida por la calidad de la letra de quien lo escribe, y cuanto peor es ésta, menos persuasivo será el mensaje. Como en los procesos descritos en los dos últimos capítulos, lo anterior se debe a que los lectores interpretan erróneamente el grado de dificultad que experimentan al leer un texto mal escrito como un signo de dificultad a la hora de creerse el contenido. Al menos superficialmente, parece existir una solución fácil y accesible para todos los que tenemos problemas de caligrafía: ¿acaso no podemos pasar a máquina cualquier mensaje persuasivo? Sí, pero aquí también conviene hacer una advertencia, ya que los estudios han demostrado que sus argumentos se considerarán mucho más persuasivos si se presentan en un tipo de letra fácil de leer.

La conclusión de estas investigaciones también supone implicaciones más generales en cuanto a la forma en que las personas eligen para comunicarse entre sí. Piense, por ejemplo, en el hecho de que los comunicadores a menudo tratan de transmitir su erudición mediante una locuacidad grandilocuente, pedante y polisílaba; en otras palabras, intentan parecer inteligentes utilizando palabras innecesariamente largas o una jerga excesivamente técnica [algo que, por supuesto, nosotros nunca hacemos], como en la siguiente comunicación de un directivo a su equipo que apareció en el *New York Post* en octubre de 2006: «Apalancamos nuestros activos y establecemos alianzas estratégicas para crear un núcleo sólido de conocimientos, con una estructura de negocio basada en el cliente mediante tecnologías líderes en el mercado para maximizar nuestros sistemas humanos». ¿Qué?

Básicamente, lo que quiere decir es: «Somos asesores». Los últimos estudios han demostrado que el uso de un lenguaje demasiado complejo como en este caso puede producir justamente el efecto contrario y, puesto que el público tiene dificultades interpretándolo, el mensaje se considera menos convincente y el autor da la impresión de ser menos inteligente.

Lamentablemente, este tipo de mensajes son demasiado frecuentes en el día a día, tanto en las comunicaciones empresariales como en los consejos de salud o en las redacciones de los estudiantes. De hecho, en una encuesta realizada en la Universidad de Stanford el 86,4% de los alumnos admitieron recurrir a un lenguaje complicado en sus redacciones académicas para intentar parecer más listos. Más preocupante, sin embargo, es el dato que descubrió una consultora británica, según el cual el 56% de los empleados creían que sus jefes y supervisores no se comunicaban con claridad con ellos y a menudo empleaban un lenguaje incomprensible que confundía sus mensajes. Para evitar problemas de esta índole, comparta sus mensajes con colegas que no guarden una conexión directa con el proyecto y pídales su opinión antes de hacerlos públicos.

41

¿Puede un pareado mejorar su resultado?

«Desde Michigan, el Estado, directo hasta su plato». ¿Qué compañía lo anunciaba y a qué se refería? Era el eslogan que utilizaba Heinz Corporation para anunciar sus judías en salsa de tomate. Fundada en 1869 por Henry John Heinz en Sharpsburg (Pensilvania), la compañía empezó de proveedora de condimentos para tiendas locales de comestibles y en un principio suministraba rábanos picantes, después pepinillos y a continuación ketchup en carro de caballos. En 1896, Heinz se fijó en un anuncio que decía «21 estilos de zapatos» y decidió que sus propios productos no eran estilos, sino variedades y, aunque tenía más de 60 alimentos en producción en aquel momento, adoptó el eslogan de «57 variedades» porque le gustaban los números 5 y 7. Así nació su nueva campaña publicitaria, con un lema que todavía hoy se utiliza, junto con una serie de otros destacados anuncios de la marca, incluida la rima de las judías con tomate.

En una campaña lanzada en los años sesenta en la televisión británica se presentaba en un anuncio a una madre preparando la cena para sus dos hijos, que llegaban a casa inesperadamente acompañados de un grupo de amigos hambrientos y le suplicaban algo así: «¿Mamá, pueden quedarse a cenar Rally, Robin, Jeffrey y Debbie?». Tras una mirada breve y exasperada, la madre anfitriona se dirigía al armario de la cocina para coger dos latas más de judías Heinz con tomate. Entonces empezaba la cancioncilla: «Un millón de amas de casa al día abren latas de judías. Y dicen: las judías son Heinz».

Aquellos anuncios ocasionaron un impacto tal, que Heinz Corporation siguió emitiéndolos durante más de tres décadas. De hecho, en la época en que aparecieron en Gran Bretaña, si se paraba a personas aleatoriamente por la calle y se les pedía que terminaran la frase: «Un millón de amas de casa al día abren latas de judías. Y dicen...», un gran número de ellas respondían sin dudar: «las judías son Heinz».

Lo particularmente fascinante de uno de los anuncios más famosos de Heinz es que no se propuso informar al consumidor de ningún atributo o ventaja particular del producto, sino que se limitaba a hacer una rima con el nombre del artículo. De todas las estrategias publicitarias a su alcance, ¿por qué prefirió Heinz crear un mensaje rimado? En parte, pudo deberse a que los anuncios que riman son más simpáticos, memorables y fáciles de repetir a los demás. Pero, ¿podría ser también que los mensajes en rima se consideren más fieles y verídicos?

Teniendo en cuenta la generalización de los refranes rimados ingleses, como el equivalente a «Cada oveja con su pareja», los científicos sociales Matthew McGlone y Jessica Tofighbakhsh se propusieron investigar si los mensajes que riman se consideran más veraces que los que no. Dentro de su investigación, tomaron una serie de dichos en verso, previamente desconocidos para los participantes, y crearon versiones paralelas pero sin rima para cada uno de ellos. Por ejemplo, adaptaron el refrán, relativamente poco conocido, equivalente al español «La prudencia en el que la tiene, muchos daños y males previene» y lo modificaron eliminando la rima (por ejemplo, «La prudencia en el que la tiene, muchos daños y males evita»). También hicieron lo mismo con el refrán inglés que equivale a «Después de beber, cada uno dice su parecer» (por ejemplo, «Después de beber, cada uno dice su opinión»).

A continuación, los participantes leyeron ambas versiones y valoraron cada una según el grado en que creían que reflejaban el mundo real y los resultados revelaron que, aunque todos los participantes defendían firmemente que la rima no era indicador alguno de veracidad, percibían, sin embargo, un mayor contenido de verdad en los refranes consonantes.

Los investigadores explicaron que los refranes que riman se caracterizan por una mayor fluidez de procesado o, lo que es lo mismo, se procesan mentalmente con más facilidad que los que no riman y, dado que las personas tienden a basar sus valoraciones de veracidad, al menos en parte, en la fluidez percibida de la información entrante, los dichos rimados se juzgan más verídicos.

Estas conclusiones tienen muchas aplicaciones en la vida real. Para empezar, sugieren que, cuando los mercadólogos y operadores de mercado analizan lemas, marcas y canciones publicitarias, harían bien en considerar el uso de rimas, ya que no sólo estarán aumentando la simpatía del mensaje, sino también su veracidad percibida. Tal vez por esta razón, cuando a un veterano directivo de publicidad le preguntaron qué debía decir una compañía sobre su producto cuando ya no quedaba nada nuevo que decir, respondió: «Si no tiene nada que decir sobre un producto, siempre se puede cantar sobre él».

En segundo lugar, es aconsejable que los padres se aprovechen de las rimas cada vez que se enfrenten a una situación tan frustrante y habitual como conseguir que sus hijos se vayan a la cama. Después de disfrutar de un tiempo de calidad leyéndoles poesía infantil, pruebe a cantar con ellos alguna melodía como «Duérmete niño, duérmete ya...».

Por último, el poder de las rimas puede aplicarse incluso al ámbito jurídico. De hecho, los autores de esta investigación recuerdan una rima infame que podría haber tenido tanto peso como para haber inclinado la balanza de la justicia. Sucedió durante el juicio por asesinato contra O.J. Simpson, cuando el abogado de la defensa, Johnie Cochran, dijo al jurado: «Si los guantes no son adecuados, absuelvan al acusado». Teniendo en cuenta la sutil influencia de la rima, los autores del estudio podrían tener razón al cuestionar cómo habría afectado al veredicto si Cochran hubiera dicho: «Si los guantes no son adecuados, absuelvan a este hombre».

42

¿Qué nos enseña el bateo de béisbol sobre la persuasión?

Los deportes podrían ser un excelente campo de prácticas para todos los que deseamos ser más persuasivos. En el béisbol, por ejemplo, es relativamente común que los jugadores coloquen un anillo pesado alrededor del bate durante el calentamiento, ya que aseguran que oscilar repetidamente un bate más pesado hace que el normal parezca más ligero en comparación.

El principio en el que se basa este efecto se conoce en las ciencias sociales como el contraste percibido o, en otras palabras, que las características de los objetos no se perciben aisladamente, sino en comparación. Por ejemplo, si le piden que levante una pesa de 10 kg en el gimnasio, le parecerá más ligera si antes ha levantado otra de 20 kg que si hubiera hecho lo mismo con una de 5 kg, aunque lo único que haya cambiado respecto a la pesa de 10 kg sea su percepción. Como es evidente, este proceso psicológico no se limita al peso, sino que es válido para prácticamente cualquier juicio de valor que pueda realizar y, en todos los casos, la pauta es idéntica: la primera experiencia determina la percepción de las siguientes.

Los psicólogos sociales Zakary Tormala y Richard Petty aplicaron recientemente estos principios para demostrar hasta qué punto los efectos del contraste influyen en la persuasiva. Concretamente, analizaron cómo la cantidad de información que las personas creen poseer sobre una materia puede verse afectada por la cantidad de información que lleguen a conocer acerca de una materia distinta. Para ello, pidieron a los participantes que leyeran un mensaje persuasivo de unos grandes almacenes ficticios, llamados Brown's (el mensaje de llegada) después de haber leído un mensaje equivalente de otros grandes almacenes, también ficticios, de nombre Smith's (el mensaje de partida). Aunque el mensaje de llegada era idéntico para todos los participantes del experimento (una descripción de tres departamentos de la cadena), los investigadores variaron la cantidad de información que contenía el mensaje previo sobre Smith's, de menor (un departamento) a mayor (seis departamentos) y descubrieron que, cuando el mensaje de partida contenía más información, el mensaje de llegada se consideraba menos persuasivo y generaba una actitud menos favorable hacia aquellos grandes almacenes, mientras que en el otro caso ocurría justo lo contrario. Por lo visto, los participantes creían saber más sobre Brown's cuando leían relativamente poco sobre Smith's, y viceversa, en una demostración del efecto del contraste percibido en acción.

Para ampliar sus conclusiones, los investigadores diseñaron un estudio similar, con la única diferencia de que, antes de recibir la información persuasiva sobre la cadena Brown's, los participantes recibieron mucha o poca información persuasiva sobre un coche (el Mini Cooper). Los resultados de este segundo estudio, que guardaron coherencia con el estudio anterior, parecen indicar que la información previa ni siquiera tiene que ser relevante para afectar al impacto persuasivo de un mensaje posterior.

Esta idea puede aplicarse a las ventas de la siguiente manera: imagínese que su compañía vende una línea de productos y usted está convencido de que un producto en particular se ajusta mejor a su cliente potencial. En ese caso, le recomendamos comentar sus méritos detenidamente después de dedicar un intervalo de tiempo más corto a hablar sobre otro producto. Se trata de una teoría que, al igual que en el caso del vino que hemos tratado antes, también puede aplicarse a los precios.

Cabe resaltar que el contraste percibido nos ofrece un medio de persuasión muy eficaz, sobre todo porque normalmente no podemos permitirnos cambiar nuestros productos, servicios o solicitudes dado su alto precio en dinero y en tiempo; lo que sí podemos modificar son los objetos con los que establecemos las comparaciones. Por poner un ejemplo real, una empresa de reformas fue capaz de incrementar las ventas de sus bañeras de hidromasaje de gama alta para exteriores en más del 500% simplemente: (a) informando a los clientes potenciales, con la verdad en la mano, que muchos compradores del modelo de gama alta habían comentado que con el artículo les daba la impresión de tener una habitación más en casa y (b) pidiéndoles que consideraran cuánto les costaría añadir una habitación contigua a su casa. Al fin y al cabo, los 10.000 euros que costaba la bañera de hidromasaje parecían mucho menos comparadas con el precio de una obra que les iba a salir, al menos, por el doble de dinero.

43

¿Cómo puede sacar ventaja en la búsqueda de la fidelidad?

Café gratis, cheques regalo, vuelos rebajados o descuentos para sus próximas vacaciones son los incentivos que ofrecen muchas compañías para mejorar la fidelidad de sus clientes. En este sentido, los resultados de un estudio reciente arrojan luz sobre la manera en que se puede incrementar la fidelidad y el interés de los demás hacia lo que usted puede ofrecerles.

Los investigadores de consumo Joseph Nunes y Xavier Dreze pensaban que los clientes que participan en programas de incentivos mostrarían una fidelidad mayor hacia la compañía y le permitirían alcanzar más rápidamente sus objetivos de amortización si la empresa les daba ventaja, incluso a costa de reducir el número de compras que necesitaban para obtener el premio.

Para corroborarlo, en un estudio entregaron tarjetas de fidelidad a 300 clientes de un túnel de lavado de coches, explicándoles que cada vez que adquirieran una ficha de lavado obtendrían un sello. Había dos tipos de tarjeta: unas estaban en blanco y hacían falta ocho sellos para recibir un lavado gratuito, y otras contenían dos sellos y eran necesarios un total de diez. Es decir, los dos tipos de tarjeta requerían ocho compras para obtener el premio pero el segundo grupo daba la impresión de haber empezado ya el proceso.

A partir de ahí, cada vez que un cliente volvía a lavar el coche, un empleado colocaba un sello en su tarjeta y escribía la fecha de la visita. Pasados varios meses, cuando los investigadores pusieron fin al programa y analizaron los datos, su hipótesis se había confirmado, puesto que mientras que sólo el 19% de los clientes con ocho sellos habían visitado el lavadero lo suficiente como para obtener un lavado gratuito, el 34% del grupo con ventaja había hecho lo mismo. Más aún, el grupo que partió con dos sellos tardó menos en llegar a su octava visita, con una media de 2,9 días menos entre sus visitas al túnel de lavado.

Según Nunes y Dreze, diseñar el programa de fidelización de modo que estuviera iniciado (aunque incompleto) en lugar de empezar de cero, contribuía a que los clientes se sintieran más motivados a finalizarlo. También apuntaban a otras investigaciones según las cuales cuanto más cerca está una persona de cumplir un objetivo, más se esfuerza por conseguirlo. Coherentemente con este planteamiento, los datos desvelaron que el intervalo de tiempo entre cada visita disminuía en un promedio aproximado de media jornada con cada lavado adicional.

Además de la aplicación obvia de estas conclusiones en los programas de fidelización de cualquier índole, los resultados del estudio sugieren que, cuando se solicita la ayuda de otra persona por cualquier motivo conviene recordarle que ya ha tomado algún paso hacia la finalización de la tarea. Por ejemplo, si necesita apoyo en un proyecto similar a otro en la que esa persona haya trabajado en el pasado, puede recalcar que, básicamente, se encuentra a medio camino de superar las complejidades incluidas en su finalización. Y si ése no fuera el caso pero usted ya hubiera trabajado bastante en el proyecto, podría subrayar que la tarea está completada en casi un 30%.

Pongamos otro ejemplo. Suponga que es un jefe de ventas y su equipo se hubiera marcado un objetivo pero no estuviera teniendo mucho éxito en las primeras fases. Si le llegara la noticia de que una venta importante, procesada centralmente, estuviera a la vista, en lugar de guardarse esa información y recurrir a ella si su equipo no logra el objetivo, plantéese publicitarla, porque así estaría transmitiendo la sensación de estar avanzando hacia la meta.

Los padres y docentes también pueden beneficiarse de esta estrategia: imagínese que su hijo se niega a hacer los deberes y a usted no le queda más remedio que ofrecerle algún incentivo, como por ejemplo librarle de sus tareas escolares un fin de semana de cada seis que las haga. El niño podría estar especialmente motivado a obedecerle si usted empieza regalándole un fin de semana de los seis necesarios antes de que comience oficialmente el programa.

La conclusión es evidente: las personas son más propensas a cumplir los programas y tareas si usted es capaz de demostrarles que ya han iniciado el camino hacia su finalización. Si utiliza esta estrategia, su influencia brillará tanto como un coche recién lavado.

44

¿Qué lecciones de persuasión nos puede dar una caja de ceras?

Los días en que los colores tenían nombres sencillos ya son historia. Si abre una caja nueva de ceras, observará que los nombres de siempre (verde, amarillo, marrón) han sido sustituidos por otros como «selva tropical», «limón láser» o «marrón mareado». ¿Cómo puede el cian o el magenta ayudarle a mantener los activos en azul y su negocio lejos del rojo?

Las investigadoras Elizabeth Miller y Barbara Kahn observaron esta tendencia en las ceras de colores y muchos otros productos, y se propusieron comprender hasta qué punto las diferencias en el nombre afectan a las preferencias de los consumidores, distinguiendo entre cuatro categorías de nombres de colores y sabores:

1) *Comunes, típicos y no específicos:* «azul».

2) *Descriptivos comunes, típicos y específicos:* «azul celeste».

3) *Descriptivos insólitos, atípicos y específicos:* «verde Rana Gustavo».

4) *Ambiguos, atípicos y no específicos:* «naranja milenio».

Las investigadoras sugerían que los nombres de colores y sabores descriptivos insólitos (3) y ambiguos (4) debían provocar sentimientos más favorables hacia un producto que los dos tipos restantes (1 y 2), si bien su efectividad obedece a razones distintas, ya que los nombres descriptivos insólitos, como el «verde Rana Gustavo», son eficaces gracias a que actúan como un crucigrama que hay que resolver, lo que suele empujar a las personas a considerar otros aspectos del producto (especialmente los positivos). Aunque resolver el crucigrama no garantice el ingreso en un club de superdotados, puede generar un *momento ajá* que lleve a los consumidores a asociar emociones positivas con el producto. Por su parte, los nombres ambiguos, como naranja milenio, incitan a querer averiguar, dada la ausencia de información elocuente, lo que los fabricantes del producto están tratando de transmitir con ese nombre, lo que, a su vez, empuja a los consumidores a considerar los aspectos positivos que la compañía intenta recalcar. Miller y Kahn confirmaron sus hipótesis empleando una variedad de nombres de sabores de gominolas y colores de sudaderas.

¿Qué implica esto para la empresa? Probablemente, que no se debe huir de los nombres rebuscados para definir ciertos aspectos de sus productos [eso sí, tenga en cuenta que los nombres rebuscados deben ser fáciles de leer y pronunciar, como comentábamos en el capítulo 40], aunque esta teoría no sólo funciona con productos y servicios. Pongamos, por ejemplo, que estuviera barajando la posibilidad de aumentar el apoyo de sus compañeros de la oficina a un nuevo proyecto o iniciativa de formación. Si titula el proyecto con una expresión inesperada o incluso ambigua podría estar alimentando una sensación de fascinación y atracción hacia él.

También podemos llevar a la práctica las conclusiones de este estudio en casa. Por ejemplo, cuando nuestros hijos estén decidiendo si salen a cenar con los amigos o se quedan en casa, alegrar el nombre del plato («pollo sorpresa» en vez de un triste «pollo») puede acabar convenciéndoles de que no salgan, aunque si esa noche nos apetece un poco de tranquilidad, siempre nos queda el recurso del bróculi y las coles de Bruselas...

45

¿Cómo presentar un mensaje para que sus efectos duren... y duren... y duren...?

Adivina adivinanza: soy un conejo de peluche rosa, tengo un tambor y funciono con una marca de pilas que duran más que la competencia. ¿Quién soy?

Dependiendo de donde viva, seré el conejito de Energizer o de Duracell (si está confundido, sepa que no es el único). Para aclarar la duda y comprender lo que esta confusión puede enseñarnos sobre la efectividad en la persuasión y la mercadología, toca una breve lección de historia. El primer conejito rosa a pilas que sentía predilección por tocar el tambor insistentemente fue el conejito de Duracell; para ser más exactos, no era un único conejo de peluche, sino toda una especie (los conejitos Duracell), cuya potencia se decía que duraba más que la de cualquier otra marca de pilas. En un anuncio, por ejemplo, una serie de conejitos con tambor, cada uno alimentado con pilas de marcas diferentes, se iban deteniendo uno a uno hasta que sólo quedaba el de Duracell, rebosante de energía.

Sin embargo, hace más de quince años Duracell no renovó su marca registrada en Estados Unidos, lo que permitió que su competidora Energizer se abalanzara a registrar su propio conejo rosa a pilas, mofándose de la campaña de Duracell y alegando la superioridad de su producto. Por esta razón, los telespectadores norteamericanos de hoy en día están acostumbrados a los conejitos con pilas de Energizer, mientras que en el resto del mundo son de Duracell.

En los anuncios de Energizer, el espectador cree estar viendo la publicidad de otro producto (por ejemplo, la pomada para hemorroides «que se sufren en silencio»), cuando el conejito de Energizer irrumpe en la pantalla a la vez que se escucha «Y siguen y siguen y siguen… Nada supera a Energizer». Pese a la acogida del público y la crítica que recibieron aquellos anuncios de las payasadas y demás interrupciones del conejito, había un problema, ya que muchas personas, incluso los que disfrutaban con los anuncios, no recordaban la marca de las pilas. En realidad, un estudio demostró que entre los telespectadores que habían elegido los anuncios del conejito entre sus favoritos del año, un asombroso 40% estaba convencido de que las pilas eran Duracell. Y todo ello a pesar de las múltiples características que diferencian al conejito de Energizer de su rival rematado en cobre, como las orejas de mayor tamaño, las gafas de sol, un tambor más grande y un pelo rosa más claro, por no mencionar que, mientras los conejitos de Duracell caminan sin parar con los pies descalzos, a los de Energizer les está permitido llevar chanclas.

La confusión entre los conejitos de ambas compañías tuvo mucho que ver y, sin embargo, hasta las personas que no habían visto nunca los anuncios de Duracell se equivocaban con los nuevos anuncios, convencidos de que eran de esta marca. Lo cierto es que, poco después de hacerse populares los nuevos anuncios, la cuota de mercado de Duracell fue la que creció, mientras que la de Energizer se redujo ligeramente.

¿Qué medidas debería haber tomado Energizer para evitar el problema y qué lección podemos aprender nosotros? Los estudios psicológicos no dejan lugar a dudas y defienden que introducir un apoyo mnemotécnico en los comercios y en el envase del producto (por ejemplo, una imagen del conejito Energizer con el texto «Y duran y duran y duran…») habría contribuido mucho a corregir los fallos memorísticos de los consumidores, además de las elecciones de producto que tomaban basándose en sus recuerdos. Eso fue, precisamente, lo que hizo Energizer y con mucho éxito.

¿Qué implicaciones pueden extrapolarse a la publicidad en general? Cada vez más, las compañías intentan crear conciencia de marca a través de amplias campañas mediáticas que enfatizan el elemento clave de su marca (la durabilidad, la calidad, el ahorro) mediante un personaje que es el paradigma de esas características, asumiendo que los espectadores conectarán sus productos con el elemento de marca cuando estén expuestos a los anuncios, que es una suposición razonable siempre que la publicidad esté diseñada correctamente. Sin embargo, asumir que los espectadores recordarán esa conexión cuando vayan a la tienda raya en la ingenuidad. Y es que la memoria de los consumidores, sometida a cientos de miles de asociaciones de este tipo en el curso de sus vidas, no está a la altura para esta tarea, al menos no sin la ayuda de pistas en el punto de venta que reactiven la conexión deseada. Por esa razón, toda gran campaña publicitaria debe integrar las imágenes, personajes o lemas esenciales de los anuncios en la visualización del producto en el comercio y el envoltorio que el consumidor vea cuando tome la decisión de compra. Aunque cambiar la visualización y el envoltorio para que recojan los aspectos básicos de la campaña en los medios puede ser costoso a corto plazo, no deja de ser fundamental.

Esta estrategia no se limita a la mercadología de productos, sino que también puede utilizarse en la comercialización de información e ideas. Piense, por ejemplo, en el inmenso desafío al que se enfrentaría si formara parte de una organización sanitaria dedicada a reducir el abuso del alcohol en los colegios mayores. Incluso si fuera capaz de diseñar una campaña publicitaria que motivara a los universitarios a beber menos cada vez que leyeran su mensaje, ¿cómo se aseguraría de que el mensaje quedase grabado cuando realmente hace falta?

Un tipo de campaña de persuasión que goza de mucha popularidad entre los responsables de salud universitaria que tratan de luchar contra el abuso del alcohol se ha dado en llamar la mercadología de las normas sociales. Los investigadores han descubierto que los universitarios suelen sobreestimar el número de copas que consumen sus compañeros y, como hemos comentado anteriormente sobre la aprobación social, sabemos que las personas tienden a comportarse de acuerdo con las normas sociales percibidas. El objetivo de las campañas mercadológicas de normas sociales es, precisamente, reducir la frecuencia del abuso de alcohol entre los estudiantes universitarios corrigiendo sus falsas percepciones. Por ejemplo, un cartel puede indicar que, según un estudio, el «63% de los estudiantes de nuestra universidad no beben más de 3 copas en cada fiesta». Se piensa que, ofreciendo a los lectores del cartel una cifra precisa de la ingestión de alcohol de sus compañeros, se reducirá la cantidad que ellos querrán beber la próxima vez que se vayan de juerga.

Pese al carácter prometedor de estos programas, la evidencia real de su éxito presenta reservas, ya que por muy persuasivos que sean los mensajes en el momento en que los estudiantes los leen, tal vez una de las razones por las que estas campañas no son más efectivas se deba a que, cuando se exponen a la presencia del alcohol, los universitarios olvidan o no están centrados en esa información. Lo cierto es que los carteles, señales y demás formas de mensajes anti-alcohol de las campañas normativas suelen colocarse (razonablemente, desde un punto de vista práctico) en bibliotecas, aulas, asociaciones de alumnos, centros de salud y zonas comunes de residencias universitarias, en lugar de en los escenarios donde existen más probabilidades de que se produzca el hecho de la bebida. Lamentablemente, la falta de conexión entre el lugar donde se ven esos textos y donde se tiene la oportunidad de beber implica que la voz distante del mensaje se ahogue entre los sonidos del aquí y ahora de las botellas y las risas ebrias que prevalecen en bares, discotecas, fiestas y dormitorios universitarios.

Los estudios sobre el auxilio mnemotécnico indican que la probabilidad de que los estudiantes se centren en la información de las normas sociales en los contextos correctos podría fortalecerse ubicando el logotipo de la campaña en objetos propios a ellos (como posavasos, pulseras o sellos de discotecas). Alternativamente, el campus podría regalar discos voladores u otros artículos con el logotipo impreso, que los universitarios pudieran llevarse a sus habitaciones y colegios mayores, desde donde tendrían más probabilidades de ver el apoyo mnemotécnico. (Irónicamente, esta estrategia podría resultar aún más efectiva cuando los estudiantes hayan ingerido algo de alcohol, ya que algunos estudios indican que los mensajes persuasivos sencillos tienden a tener más éxito mientras se bebe). Igualmente, algunas comunidades han tratado de luchar contra la conducción bajo los efectos del alcohol mediante una red de bares participantes que introducen en las copas de sus clientes unos diodos luminosos rodeados de plástico en forma de cubitos de hielo, conocidos como los cubitos iluminados. Estos auxilios mnemotécnicos, que emiten destellos de luz azul y roja, suelen causar el efecto de recordar a las luces de los coches de policía y, gracias a eso, sirven de extensión persuasiva al largo brazo de la ley.

Al margen de que se trate de campañas públicas o privadas, las ayudas mnemotécnicas garantizan que los ecos de su mensaje no se apagan, sino que duran y duran y duran…

46

¿Qué objeto consigue que los demás reflexionen sobre sus valores?

Espejito, espejito, ¿cuál es uno de los objetos más persuasivos del reino? En realidad, eres tú.

Nadie pone en duda que el propósito principal de un espejo es conocer nuestro aspecto exterior, pero lo cierto es que también actúa de ventana hacia el aspecto interior real (y, tal vez más importante todavía, el deseado) y, por ello, vernos reflejados en él nos lleva a adoptar conductas más deseables socialmente.

Pongamos, por ejemplo, un estudio sobre la fiesta de Halloween realizado por el científico social Arthur Beaman y su equipo. En lugar de ubicar las investigaciones en un laboratorio universitario o a pie de calle, Beaman convirtió temporalmente ocho hogares locales en sedes improvisadas para el estudio. Cada vez que un grupo de niños llamaban al timbre pidiendo caramelos, una ayudante investigadora les saludaba, les preguntaba sus nombres y les señalaba con un gesto una fuente de dulces colocada sobre una mesa, explicándoles que podían llevarse una golosina cada uno mientras ella se dirigía hacia otra habitación porque estaba ocupada. Ésa era la parte agradable del experimento; el truco, por otro lado, era que los niños ignoraban que estaban participando en un experimento hábilmente tramado y que alguien los observaba a través de una mirilla oculta. Esa persona no era otra que un ayudante investigador, encargado de registrar si los menores obraban con honradez o se llevaban más de un caramelo.

Con los resultados en la mano, los datos revelaron que más de un tercio de los niños se habían llevado más caramelos de los que debían (el 33,7%, para ser exactos). Sin embargo, los investigadores se propusieron averiguar si eran capaces de reducir la tasa de sustracciones de caramelos mediante el uso de un espejo. Para ello, antes de que sonara el timbre el ayudante investigador colocaba un gran espejo junto a la fuente de golosinas, de manera que los niños tenían que verse reflejados en él al ir a coger su caramelo y en este grupo del espejo la tasa de sustracciones se redujo al 8,9%.

Uno de nosotros llevó a cabo un estudio similar que examinaba hasta qué punto centrar a las personas en ellas mismas y en su propia imagen las impulsaba a actuar con más coherencia respecto a sus valores. Bajo la dirección del científico conductual Carl Kallgren, empezamos analizando al inicio de un trimestre académico lo que los participantes opinaban sobre las personas que ensucian las calles. Posteriormente durante aquel trimestre, cuando los participantes acudieron al laboratorio, la mitad podía ver su propia grabación en una cámara de circuito cerrado (prácticamente como verse en el espejo), mientras que la otra veía una grabación de formas geométricas. Se les explicó que iban a realizar una prueba que requería monitorizar su ritmo cardiaco y se les aplicó un gel en la mano. Cuando los sujetos creían que su participación en el estudio había terminado, un ayudante de investigación les entregaba una toallita para limpiarse la mano y les pedía que salieran por las escaleras. Mientras, nosotros observábamos para averiguar si los participantes desechaban la toallita tirándola al suelo.

Descubrimos que, cuando no habían visto su propia imagen antes de enfrentarse a la oportunidad de arrojar basura, cerca del 46% tiraron la toallita al suelo, frente al 24% en el caso contrario. Posiblemente, el estudio sirvió para responder a la pregunta de cómo se ven miran al espejo las personas que ensucian las calles (por lo visto, no lo hacen).

En el día a día, podemos utilizar los espejos para persuadir a los demás, con la máxima sutileza, de que se comporten de una manera más deseable socialmente. Además de indicarnos dónde colocar los caramelos el día de Halloween, el estudio sugiere que un espejo bien situado es capaz de animar a los niños a ser más atentos con los demás. Por ejemplo, un directivo que haya experimentado algún caso de robo por parte de un empleado (por ejemplo, en el almacén de la compañía) podría descubrir que colocar un espejo obra milagros para evitarlo. En este caso, los espejos son una alternativa óptima a la vídeo-vigilancia que, además de costosa, envía a los empleados la señal de que no se confía en ellos, generando una situación que puede conllevar un aumento en lugar de una reducción de los hurtos.

Si instalar espejos no fuera una medida práctica, existen otras dos posibilidades que producen efectos similares. La primera es preguntar a las personas cómo se llaman, como han demostrado el psicólogo social Ed Diener y su equipo. Por ejemplo, pedir a niños y empleados que lleven etiquetas con su nombre sienta las bases para una conducta más deseable. La segunda se deduce de una investigación reciente de la científica Melissa Bateson y su equipo, que sugiere que colgando una sencilla foto de unos ojos en la pared también se consigue que los demás actúen con una mayor conciencia social. De hecho, en un estudio los investigadores añadieron una imagen en una zona común donde los miembros de la plantilla supuestamente deben dejar una cantidad concreta de efectivo en una jarra a cambio de su consumo de té o café, aunque las señales cambiaban todas las semanas: una semana era una imagen de flores, la siguiente de un par de ojos, a continuación un ramo distinto y después unos ojos diferentes, y así sucesivamente. Los resultados indicaron que los consumidores de té y café pagaban más de 2,5 veces más por su bebida cuando la señal iba acompañada de una imagen de un par de ojos que cuando sólo veían unas flores.

Por algo dicen que cuatro ojos ven más que dos, ya sean los suyos o los de otra persona.

47

¿La tristeza menoscaba la capacidad de negociación?

En un episodio de la conocidísima serie televisiva *Sexo en Nueva York,* la protagonista, Carrie Bradshaw, camina por una calle neoyorquina junto a su amiga Samantha Jones, mientras ésta le cuenta por qué ha estado tan triste últimamente. En un momento de la conversación, Samantha, que ha estado cojeando todo el camino, pega un grito de dolor y la comprensiva Carrie le pregunta: «Cielo, si te duele tanto ¿por qué vamos de compras?», a lo que su amiga responde: «Se me ha roto un dedo, no el alma».

Cada año, millones de personas se sienten desgraciadas y tratan de aliviar su sufrimiento comprando. En un estudio reciente, la científica social Jennifer Lerner investigó junto con otros colegas hasta qué punto la tristeza y otras emociones afectan a los hábitos de compra (y de venta), y nos ofrece algunos datos interesantes respecto a este fenómeno.

Los investigadores plantearon la hipótesis de que la tristeza motiva a las personas a alterar sus circunstancias en formas que puedan cambiar su estado de ánimo. También creían que esta motivación afectaría a compradores y vendedores de maneras distintas, en el sentido de que los compradores tristes estarían dispuestos a pagar por un artículo concreto un precio más alto que los compradores neutros, mientras que los vendedores tristes renunciarían al mismo artículo por un precio más bajo que los vendedores neutros.

En un experimento diseñado para poner a prueba ambas suposiciones, los investigadores indujeron en sus participantes la tristeza o la falta de emoción haciéndoles ver un vídeo diferente. Los participantes de la condición de tristeza veían un fragmento de la película de Franco Zeffirelli *Campeón* que trataba sobre la muerte del mentor de un niño y a continuación se les pedía que escribieran un breve párrafo sobre cómo se sentirían si se encontraran en la misma situación. Los integrantes de la condición sin emociones observaron un vídeo neutro sobre peces y después escribieron un texto sobre sus actividades cotidianas. Posteriormente, a todos se les explicó que iban a participar en un segundo estudio sin conexión con el primero. A la mitad de los participantes se les entregó un juego de marcadores para que indicaran a qué precio los venderían y a la otra para que decidieran a qué precio los comprarían.

Los resultados confirmaron las hipótesis de Lerner, ya que los compradores tristes estaban dispuestos a comprar los objetos por un 30% más aproximadamente que los compradores emocionalmente neutros, y los primeros se desharían de ellos por alrededor del 33% menos que los otros. Además, los investigadores descubrieron que los efectos de la emoción de la película sobre sus decisiones económicas se producían de manera totalmente inconsciente, puesto que los participantes ignoraban por completo que esa sensación residual de tristeza los había afectado tan profundamente.

¿Qué relevancia tiene este estudio para usted? Es fundamental reconocer el estado emocional en que nos encontramos antes de tomar una decisión importante, iniciar una negociación crucial o incluso responder a un correo electrónico poco amistoso. Suponga, por ejemplo, que tiene que negociar los términos financieros de su contrato con un proveedor. Si acaba de vivir una experiencia con una fuerte carga emocional, incluso si está convencido de que su capacidad para tomar decisiones no se verá afectada, le convendría aplazar el proceso de negociación, porque incluso un breve retraso le dará tiempo a calmar las emociones y le permitirá tomar decisiones más racionales.

Cualquiera que sea su estado emocional, por lo general es recomendable esperar un tiempo para calmarse antes de cualquier situación importante de toma de decisiones. Con frecuencia, fijamos reuniones de forma consecutiva por cuestiones prácticas pero un breve descanso entre ellas puede reducir la probabilidad de que los sentimientos generados por una reunión con mucha carga emocional acabe afectando a la siguiente (especialmente si esa última reunión requiere tomar decisiones importantes).

Lo mismo ocurre con las decisiones que tomamos en casa. Tal vez esté planteándose comprar muebles nuevos, un electrodoméstico, realizar alguna mejora o incluso cambiarse de casa, o quizá esté fijando los precios de algunos objetos que quiere vender a través de la Red. En estas situaciones, siempre es inteligente dar un paso atrás, examinar nuestro propio estado emocional y aplazar la actividad hasta que nos sintamos emocionalmente neutros.

Por último, los que aspiramos a influir en las decisiones de los demás también debemos tener en cuenta el papel que desempeña el estado de ánimo. Evidentemente, tratar de persuadir a una persona que acaba de entristecerse por un dato reciente sería tan poco recomendable como incorrecto (o, todavía peor, traer a colación un asunto que suma a la otra persona en un estado lúgubre, como: «He oído lo de su perro. Por cierto, éste es el precio que puedo ofrecerle en nuestra negociación»). Decisiones así a menudo acaban lamentándose y no contribuyen a desarrollar relaciones a largo plazo. En realidad, si nos ofrecemos a posponer una negociación con alguien que acabe de vivir una experiencia emocionalmente negativa estaremos fortaleciendo nuestra relación al transmitir las cualidades de generosidad, afecto y sabiduría, todas ellas inestimables para cualquiera que desee ser más persuasivo.

48

¿La emoción pone en marcha la persuasión?

En 2002, el brote del síndrome respiratorio agudo en Asia (también conocido como SARS) sembró el pánico por todo el mundo y los viajes a esa región se redujeron en picado, aunque la probabilidad de contagiarse y mucho menos de morir a causa del virus era remota. ¿Qué nos puede enseñar la reacción ante aquella noticia sobre la manera en que las cuestiones con carga emocional modifican las decisiones de las personas y afectan al grado en que se dejan influir por los demás?

Los científicos investigadores Christopher Hsee y Yuval Rottenstreich afirman que el juicio y las capacidades de decisión de las personas pueden verse mermados por una situación como el brote de la neumonía asiática, aunque no porque induzca sentimientos negativos sino por tratarse de una cuestión con carga emocional, independientemente de la naturaleza de los sentimientos que despierte. Concretamente, defienden que las emociones reducen la sensibilidad hacia la magnitud de los números y aumentan la atención prestada a la mera presencia o ausencia del acontecimiento. La traducción en términos empresariales es que las personas son más propensas a prestar atención a la mera presencia o ausencia de una oferta emocional que a los números concretos.

Para poner a prueba esta idea, los investigadores pidieron a los participantes que dedicaran un breve período de tiempo a pensar en determinadas cuestiones con y sin contenido emocional. Poco después, se les pidió que imaginaran que un conocido estuviera vendiendo un lote de discos de Madonna. A una mitad se les informó de que el lote completo era de cinco discos, mientras que a la otra mitad se les dijo que era de diez. En función de esa información, se les pidió que indicasen cuál sería el precio máximo que estarían dispuestos a pagar por el lote.

Los investigadores descubrieron que los que habían practicado previamente el pensamiento sin emociones estaban dispuestos a pagar más por el lote de diez discos que por el de cinco, lo cual no deja de ser lógico. Más interesante, sin embargo, fue descubrir que los que habían pensado previamente de manera emocional eran menos sensibles hacia la diferencia en número de los discos e indicaron que pagarían prácticamente lo mismo por ambos lotes.

Los resultados del estudio sugieren que una experiencia emocional puede dañar la capacidad de toma de decisiones y llevarnos a aceptar una oferta que deberíamos rechazar. Suponga que está negociando con un proveedor de materias primas y existe una diferencia de 10.000 dólares entre la cantidad que usted le ofrece y la cantidad de artículos que el proveedor está dispuesto a ofrecerle por ese precio. Pongamos que el proveedor admite esta disparidad pero no accede a entregarle más de la materia prima en cuestión por la cantidad que usted le ofrece, sino que le propone añadir cincuenta unidades de un producto nuevo por el que usted haya demostrado entusiasmo. Aunque resulte que cien unidades de ese producto, y no cincuenta, podrían estar valoradas aproximadamente en 10.000 dólares, la investigación nos indica que las ofertas con carga emocional como ésta tienen el potencial de empujar al comprador a sobreestimar el valor de las cincuenta unidades y tomar una decisión errónea y poco rentable.

¿Cómo podemos evitar que nos influyan estos factores? Las conclusiones de estos estudios nos enseñan que algo tan sencillo como centrarnos en los números antes de la negociación puede devolvernos nuestra capacidad de diferenciación numérica. Deseche las emociones que puedan nublar su atención y será capaz de negociar basándose en información objetiva y pertinente, y tomar la mejor decisión posible.

49

¿Qué hace que la gente crea todo lo que lee?

Un ex preso político chino describía así sus experiencias de lavado del cerebro: «Uno se siente aniquilado, agotado, incapaz de controlarse o de recordar lo que ha dicho hace dos minutos. Siente que lo ha perdido todo. Desde ese momento, el juez es el verdadero amo y se acepta *cualquier cosa* que diga» (cursiva añadida por los autores).

¿A qué técnica se estaba refiriendo y qué nos enseña acerca de los factores que hacen posible que los demás nos convenzan de algo?

Aunque probablemente aquel ex preso fue víctima de distintas tácticas de alteración del pensamiento, se estaba refiriendo en particular a la estrategia de privación de sueño. Como es lógico, tendemos a funcionar mejor después de una noche de sueño reparador y todos sabemos por experiencia que cuando hemos descansado bien nos concentramos más, estamos más alerta y nos comunicamos más elocuentemente. Sin embargo, el trabajo del psicólogo social Daniel Gilbert ofrece conclusiones menos obvias aunque totalmente coherentes con las experiencias de aquel preso político, en el sentido de que podríamos ser más susceptibles a las tácticas engañosas de influencia de los demás cuando estamos cansados. En una serie de estudios, Gilbert obtuvo pruebas que apoyan la hipótesis de que nada más oír a una persona pronunciar una afirmación, el receptor del mensaje inmediatamente la acepta como verdadera aunque en realidad no lo sea. Sólo gracias al esfuerzo mental, al cabo de una fracción de segundo el oyente reconoce la falsedad del enunciado y lo rechaza.

Cuando hay mucho en juego, las personas suelen disponer de suficientes recursos cognitivos y motivación como para rechazar los enunciados que parecen falsos, pero si aparece el cansancio son más propensas a encontrarse en un estado más acusado de credulidad por la menor energía cognitiva y de motivación que provoca el agotamiento. Según las conclusiones de Gilbert, en consecuencia el proceso de comprensión del mensaje se paraliza antes incluso de que la fase de rechazo tenga la oportunidad de llevarse a cabo, por lo que las personas en esta situación son más dadas a creer argumentos poco convincentes o manifiestamente falsos de los demás. Por ejemplo, un directivo que solicite ofertas para un importante contrato de distribución sería menos dado a cuestionar una afirmación improbable transmitida por un distribuidor potencial como: «Nuestros sistemas de distribución son los más prestigiosos internacionalmente» si está falto de sueño. Al contrario, lo más probable es que lo aceptara directamente.

Pero la privación de sueño y el cansancio no son los únicos factores que nos pueden hacer más fáciles de persuadir, sino que ciertos estudios demuestran que la distracción provoca un efecto similar en la susceptibilidad a la influencia de las personas, incluso si se trata de una distracción momentánea. Por ejemplo, la investigación llevada a cabo por Barbara Davis y Eric Knowles llegó a la conclusión de que los propietarios de viviendas tenían el doble de probabilidades de comprar felicitaciones navideñas de un vendedor a domicilio cuando éste los distraía anunciando inesperadamente el precio en centavos y no en dólares, como es costumbre, antes de asegurarles que era una ganga. Además, sus estudios demuestran que indicar el precio en centavos no era el único motivo del aumento de las ventas, sino que el índice de cumplimiento respecto a la oferta era superior a la norma cuando el precio iba seguido de una afirmación persuasiva como: «¡Es una ganga!». Los resultados revelan que, precisamente en el instante de la distracción momentánea, el vendedor es capaz de introducir una aseveración persuasiva invisible para nuestro radar.

En otro estudio realizado por el mismo equipo de investigación, las personas que se paseaban por un mercadillo de productos horneados eran más propensas a comprar un pastelito si el vendedor hablaba de medio pastel en lugar de pastelito, aunque sólo cuando iba seguido de: «¡Están riquísimos!».

¿Cómo pueden ayudarnos estos estudios a no sucumbir a los factores que nos hacen más fácilmente influenciables? El consejo evidente es dormir más y a todos nos gustaría echarnos algún sueñecito de vez en cuando, aunque estemos de acuerdo en que es más fácil decirlo que hacerlo. Sin embargo, si por alguna razón usted se nota particularmente distraído o falto de sueño, intente mantenerse alejado de los anuncios de la teletienda, conocidos por sus dudosas afirmaciones, porque si no lo hace puede acabar convencido de que realmente necesita esa bicicleta estática que prepara palomitas mientras pedalea. Todo lo contrario, intente tomar las decisiones importantes basadas en sus juicios sobre la veracidad de las afirmaciones de los demás cuando esté bien despierto.

Posteriormente, cuando se enfrente a la tarea, por ejemplo, de seleccionar a un nuevo proveedor, conviene ser consciente de la mayor propensión a creer lo que leemos en un sitio en la Red u oferta formal si estamos distraídos, por ejemplo hablando por teléfono. Lo más probable es que realice evaluaciones más acertadas de las afirmaciones de los demás y será más resistente en general a las tácticas engañosas de percepción si minimiza las distracciones. Por ejemplo, podría disponer un espacio personal para las decisiones en el trabajo o en casa, sin distracciones ni ruido de fondo, de manera que le permita concentrarse en la tarea que tenga sobre la mesa. Para evitar que primero le embauquen (un persuasor de doble moral) y después le despidan (su organización, insatisfecha), conviene reducir las tareas simultáneas cuando hay mucho en juego.

50

¿Los laboratorios de trimetilxantina hacen que sea más influenciable?

Escapes de orina por las noches, boca seca, piernas inquietas... Últimamente hay fármacos para todo. Sin embargo, tal vez le sorprenda saber que existe una droga llamada 1,3,7-trimetilxantina que podría hacerle más persuasible si la toma y más persuasor si la toman los demás, aunque quizá le extrañe más todavía el hecho de que actualmente esa sustancia pueda conseguirse con facilidad en cualquiera de los laboratorios de trimetilxantina que inundan los distritos de toda ciudad.

Esa droga se conoce también como cafeína y los laboratorios de trimetilxantina a los que nos referíamos suelen llamarse cafeterías. Sólo Starbucks Corp. cuenta con más de 9.000 establecimientos en 38 países, aunque sospechamos que su presidente, Howard Schultz, desconocía que la bebida que ofrece en cada esquina y cada centro comercial fuera una herramienta potencial de persuasión. Todos hemos oído y algunos experimentado la manera en que la cafeína nos hace sentir más alerta, ¿pero cómo puede hacernos más persuasivos?

Para investigar este tema, la científica Pearl Martin y su equipo empezaron pidiendo a los participantes de un estudio que bebieran un producto parecido al zumo de naranja. Como el adolescente travieso que añade el contenido de su petaca en la fuente de ponche de la discoteca escolar, los investigadores alegraron la naranjada antes de servírsela a la mitad de los participantes, aunque en lugar de convertirla en un combinado alcohólico, lo que añadieron no era otra cosa que cafeína (en una cantidad equivalente a dos tazas de café solo).

Poco después de beber el zumo, todos los participantes leyeron una serie de mensajes con argumentos muy sólidos a favor de determinada postura sobre un asunto polémico y los que habían consumido la bebida cafeinada mostraban una disposición un 35% más favorable que los que habían bebido la bebida no adulterada.

¿Significa eso que puede acercarse a su cafetería más cercana durante el almuerzo y vender el puente de Brooklyn a cualquiera de los presentes? Difícilmente. En un segundo estudio, los investigadores comprobaron el efecto de la cafeína cuando los participantes leían mensajes con argumentos flojos y los resultados demostraron que, en esas circunstancias, la cafeína posee poco poder de persuasión.

Puede aplicar estas conclusiones a su forma de presentar información a los demás, ya sean clientes potenciales o compañeros de trabajo. Por ejemplo, piense en la hora del día en que vaya a hacerlo. Si, por ejemplo, tiene que organizar una presentación de ventas para un cliente nuevo, no es recomendable hacerlo inmediatamente después de la comida o más tarde, sino al principio de la jornada porque el cliente se acabará de tomar su dosis matinal de café. Si no puede escoger la hora del día, tener a mano café o refrescos con cafeína puede conseguir que su público se muestre más receptivo ante su mensaje, siempre y cuando, como advierte el estudio, sus argumentos estén bien razonados, lo que sin duda será el caso.

Epílogo. La influencia en el siglo XXI

Con la entrada en el siglo XXI, nuestra relación con otras personas dentro y fuera de la empresa ha cambiado de dos formas fundamentales que afectan a nuestra capacidad de persuasión. En primer lugar, el uso generalizado de la Red en los hogares y en prácticamente cualquier ámbito de los negocios ha dado un giro radical a nuestra manera de comunicamos con los demás en el día a día. En segundo lugar, actualmente tenemos más oportunidades que nunca de relacionarnos en nuestro entorno laboral e interacciones empresariales con personas de culturas diferentes a la nuestra. En este sentido, las últimas investigaciones sobre estos rápidos cambios nos ofrecen una información inestimable acerca de la ciencia de la persuasión.

La e-influencia

US Cellular es una gran compañía de servicios de comunicación inalámbrica del Medio Oeste de Estados Unidos que, como cualquier otra, depende casi íntegramente de la tecnología, al ser la espina dorsal de su negocio. Precisamente por eso pareció tan irónica, por no decir descabellada, una política que instauró hace varios años, cuando anunció a sus más de 5.000 empleados que a partir de ese momento no les estaba permitido comunicarse por correo electrónico los viernes.

¿Cómo podía ser posible? En una época en la que dependemos tanto de las transmisiones electrónicas para comunicarnos con rapidez, efectividad y precisión con nuestros compañeros de trabajo, prohibir los correos electrónicos suena a obligar a contar con los dedos en vez de usar una calculadora. ¿Por qué impondría una política así el vicepresidente ejecutivo de US Cellular, Jay Ellison? ¿Pudo tratarse, tal vez, de un vil plan pergeñado por la alta dirección para forzar a los empleados a engordar las facturas de sus móviles particulares, incrementando así los beneficios a corto plazo de la compañía?

Bombardeado diariamente por más correos electrónicos de los que era capaz de abrir, Ellison se empezó a plantear que el flujo inagotable de comunicaciones electrónicas impersonales podía estar perjudicando el trabajo en equipo y la productividad global, en lugar de mejorarlo. Según un artículo de ABCNews.com, en la nota interna les decía a los empleados lo siguiente: «Levántense y conozcan a sus equipos cara a cara. Descuelguen el teléfono y llamen a alguien... Quedo a la espera de no leer sus mensajes, aunque pueden pasarse por aquí todas las veces que quieran».

Aquel artículo continuaba describiendo algunas de las *dramáticas* consecuencias que resultaron de la nueva política. Por ejemplo, dos compañeros que habían mantenido una relación exclusivamente por correo electrónico se vieron obligados a hablar por teléfono y, gracias a ello, se dieron cuenta de que no estaban en la otra punta del país, sino al otro extremo del pasillo. Aquel descubrimiento conllevó reuniones en persona que fortalecieron aún más su relación.

Aunque, como es lógico, acostumbrarse a la nueva norma requirió algún tiempo, el consenso general hoy en día en US Cellular es que la política de los viernes sin correo electrónico ha sido un éxito sonoro y que recuerda poderosamente el papel que desempeñan las interacciones personales en el fortalecimiento de las relaciones, aunque también ilustra perfectamente el impacto de las interacciones electrónicas en las relaciones laborales. ¿Cómo afectan las interacciones electrónicas a nuestro poder persuasivo?

Por ejemplo, ¿cómo afecta a un proceso negociador el que se desarrolle a través de la Red o presencialmente? Ya son historia las negociaciones mantenidas exclusivamente en persona o por teléfono; hoy en día, cada vez más negociaciones se realizan a través de la Red, con asuntos que van desde las importantísimas cláusulas de un contrato valorado en varios miles de millones hasta los ingredientes de la pizza para la fiesta de la oficina.

Aunque en ocasiones se habla de la Red como la súper autopista de la información, ¿es posible que la ausencia de contacto personal entre las partes de la negociación actúe de freno en lugar de propiciar un resultado satisfactorio? Para corroborar esta hipótesis, el científico social Michael Morris y su equipo llevaron a cabo un experimento que contó con la participación de estudiantes de posgrado en una negociación cara a cara o por correo electrónico y los investigadores descubrieron que la segunda opción restaba posibilidades de intercambiar el tipo de información personal que suele contribuir a establecer una mejor relación y, en último término, empeoraba el resultado de la negociación.

El investigador conductual Don Moore y su equipo creyeron disponer de una solución sencilla a este problema, nada fácil en potencia: ¿y si, antes de la negociación, las partes se implicaban en algún tipo de auto-revelación mutua? En otras palabras, podrían informarse un poco más del contexto de cada uno además de pasar algunos minutos de charla electrónica sobre asuntos no relacionados con la negociación. Para poner a prueba esta idea, los investigadores emparejaron a estudiantes matriculados en dos escuelas de negocios de élite de Estados Unidos y les pusieron a negociar un contrato por correo electrónico. A la mitad únicamente les entregaron las instrucciones de la negociación, mientras que a la otra mitad les proporcionaron una fotografía de su compañero, algún dato biográfico breve sobre él (como la universidad donde había cursado estudios, sus aficiones, etc.), junto con la orden de dedicar un tiempo previo a la negociación conociéndose a través del correo electrónico.

Los resultados el experimento revelaron que, cuando los participantes no disponían de información adicional, el 29% de las parejas no lograba llegar a un acuerdo, mientras que sólo el 6% de las parejas más personalizadas alcanzaban un punto muerto. Basándose en otra medida del éxito, los investigadores también descubrieron que cuando las parejas participantes en el experimento eran capaces de llegar a una solución negociada de común acuerdo, el resultado del trato (es decir, la cantidad con la que se marchaba cada participante) era un 18% superior en los grupos personalizados que en los despersonalizados. De esta forma, dedicando un tiempo a conocer algún dato personal sobre su pareja en una negociación y revelando información personal sobre usted, probablemente pueda aumentar el tamaño del pastel que acabarán compartiendo ambos.

Estos experimentos nos hablan del papel de las comunicaciones electrónicas en las negociaciones, pero ¿qué hay de la persuasión directa, cuando un comunicador trata de modificar la opinión de otra persona sobre una idea o asunto concreto? En un experimento realizado por uno de nosotros junto con Rosanna Guadagno como investigadora principal, intentamos abordar esta cuestión. A los participantes se les explicó que discutirían asuntos relacionados con la universidad individualmente con otra persona en forma de entrevista presencial o por correo electrónico. Lo que no sabían era que la otra persona era en realidad un ayudante investigador camuflado. Basándose en un guión elaborado de antemano con argumentos predeterminados, el ayudante investigador intentó persuadir al participante real de que la universidad debía establecer una política de exámenes de reválida, según la cual los alumnos no podrían licenciarse a menos que hubieran aprobado un examen largo y complicado que valorara sus conocimientos en una amplia variedad de temas. Cabe señalar que hay pocas cuestiones con un mayor consenso por parte de los estudiantes universitarios, ya que, a excepción del empollón de turno, preguntar a los universitarios si apoyarían el requisito de la reválida es como preguntarles si están de acuerdo en fijar como edad mínima para consumir alcohol en 25 años. Sin embargo, y a pesar de que los estudiantes de universidad tienden en principio a oponerse casi de forma generalizada a los exámenes de reválida, resulta que se les puede convencer de lo contrario. ¿Existe entonces alguna diferencia entre presentarles el mensaje persuasivo cara a cara o por correo electrónico?

La respuesta depende del género de la persona. Puesto que las mujeres están, por lo general, más orientadas a desarrollar relaciones íntimas con sus iguales que los hombres y los encuentros presenciales favorecen este proceso, anticipábamos que al interactuar con una persona del mismo sexo las mujeres serían más persuasibles en las interacciones cara a cara que a través del correo electrónico, mientras que la vía de comunicación marcaría una diferencia menor en el caso de los hombres. Y eso fue, hasta cierto punto, lo que descubrimos: las mejores eran más influenciables en persona y los hombres eran igual de influenciables independientemente del medio de comunicación. Por desgracia, no examinamos las diferencias persuasivas entre parejas del sexo opuesto aunque no tiene demasiada importancia, puesto que la persuasión entre sexos pertenece realmente a una clase totalmente distinta de libro.

Hasta el momento hemos abordado ciertos aspectos de la comunicación a través de la Red que pueden actuar de freno en la creación y el mantenimiento de las relaciones personales, aunque este tipo de contacto también puede ser nocivo para la persuasión por un motivo bien distinto, esto es, la mayor probabilidad de que se produzca un malentendido. Desgraciadamente, los argumentos mejor fundados y las estrategias de persuasión más efectivas del mundo no le van a servir de mucho si el destinatario malinterpreta su mensaje, sus intenciones o, peor aún, ambas cosas.

Los estudios realizados por el científico conductual Justin Kruger y su equipo contribuyen a explicar el porqué de la frecuencia de los malentendidos por correo electrónico. Partían de la idea de que la inflexión de la voz y los gestos (dos pistas no verbales ausentes en un correo electrónico) suelen ser importantes indicadores del verdadero significado de la comunicación cuando el contenido del mensaje es ambiguo por cualquier motivo. Por ejemplo, al responder a un mensaje de un compañero de la oficina sobre contratos de suministro, usted puede escribir: «Esa sí que es una verdadera prioridad» y, aunque lo haya dicho totalmente en serio, su interlocutor podría interpretarlo como un sarcasmo porque usted tal vez se haya opuesto a concentrarse en contratos de suministro en el pasado. Si lo hubiera dicho en persona, la inflexión de su voz, su expresión facial y su lenguaje corporal habrían dejado claro que iba en serio. Este dato por sí solo basta para defender el carácter problemático de la comunicación por correo electrónico y, sin embargo, lo que defiende Kruger y su equipo lo hace todavía más peligroso, en el sentido de que los emisores de estos mensajes ignoran casi por completo que sus mensajes hayan sido malinterpretados. Puesto que los emisores conocen perfectamente sus propias intenciones al redactar sus mensajes, a menudo asumen que el receptor también está al tanto.

Los investigadores dirigieron una serie de experimentos para corroborar estas hipótesis. En uno de ellos, los participantes fueron agrupados en parejas y a cada uno se le nombraba emisor o receptor de varios mensajes. La tarea del emisor consistía en generar varias afirmaciones que transmitieran claramente al receptor una de las siguientes emociones: sarcasmo, seriedad, ira o tristeza. A los participantes también se les asignó aleatoriamente uno de los tres siguientes medios de comunicación: correo electrónico, voz o cara a cara. Una vez transmitido cada mensaje, el receptor intentaba adivinar el tono pretendido. Además, antes del ejercicio los emisores debían indicar si creían que el receptor lo adivinaría correctamente.

Los resultados del estudio demuestran visiblemente que, aunque los emisores de todos los grupos experimentales sobreestimaron el grado en que los receptores interpretarían correctamente su tono, la diferencia era más amplia en el grupo del correo electrónico. En todos los grupos experimentales, los emisores calcularon que el receptor adivinaría correctamente el tono alrededor del 89% de las veces y, mientras que en los grupos de voz y cara a cara se observaron aciertos el 74% de las veces, el grupo de correo electrónico sólo llegó a un 63%. Las conclusiones parecen indicar que, en las comunicaciones escritas en general, dado que el receptor del mensaje no percibe la inflexión de la voz del emisor, es más difícil interpretar el mensaje.

Tal vez esté pensando que estos resultados no son de extrañar, considerando que este tipo de experimentos suele implicar la participación de desconocidos y, sin lugar a dudas, los amigos íntimos podrían interpretar con mucha más precisión el tono de un correo electrónico entre ellos. De hecho, los investigadores pensaron lo mismo y, por increíble que parezca, el patrón de los datos en este caso es exactamente el mismo. El hecho de que la comunicación escrita no sea descifrable del todo incluso por las personas más próximas a nosotros sugiere que sus mejores amigos se equivocan cuando sostienen que para ellos usted es como un libro abierto (a menos, por supuesto, que le tengan en audio-libro o versión televisiva).

¿Qué puede hacer un comunicador ante este peligro? Tal vez podríamos recurrir a los emoticonos y demás caras sonrientes, pensadas para transmitir emociones mediante imágenes (como :-D), aunque, según podemos apreciar en este ejemplo, los emoticonos también pueden fundirse con el resto del mensaje o ser poco claros por otros motivos y añadir más confusión. ¿Y si suprimimos el correo electrónico por completo y optamos por comunicarnos exclusivamente por teléfono o en persona? Puede que funcione una vez a la semana, como ocurre en US Cellular, pero no siempre contamos con el tiempo o la posibilidad de mantener este tipo de interacciones.

Para llegar a una posible solución, retomemos una de las principales explicaciones psicológicas de los malentendidos. Como hemos comentado antes, los emisores conocen perfectamente el mensaje que desean comunicar pero no se sienten inclinados por naturaleza a adoptar la perspectiva del destinatario. Basándose en este razonamiento, los investigadores realizaron otro experimento para averiguar si eran capaces de conseguir que los emisores no pecaran de exceso de confianza en cuanto a la capacidad de sus mensajes de ser interpretados tal y como ellos querían. El experimento se asemejaba en diseño al que hemos descrito inmediatamente antes y que requería descubrir el tono del emisor, aunque con algunas variaciones. Primero, todos los participantes se comunicaban entre sí exclusivamente por correo electrónico y, segundo, a algunos se les animó a considerar hasta qué punto sus mensajes podrían ser malinterpretados. Los investigadores encontraron que este último grupo era más preciso a la hora de predecir si sus mensajes se entenderían según lo previsto.

Partiendo de las conclusiones de este experimento, ¿cómo podemos convertirnos en comunicadores más exactos y, en consecuencia, mejorar nuestra técnica de persuasión a través de la Red? Antes de enviar un correo electrónico sobre cualquier asunto importante, conviene detenerse un momento para leer el mensaje, prestando especial atención a la manera en que determinados aspectos del texto puedan ser interpretados de un modo diferente por el receptor y, si es necesario, modificar el mensaje para aclarar lo que realmente queremos decir. Y es que una lectura con perspectiva antes de pulsar irrevocablemente el botón de enviar puede mejorar la comprensión de sus mensajes tanto como pasar el corrector ortográfico o gramático. Si está leyendo esto Bill Gates, que sepa que llega tarde porque ya estamos trabajando con las patentes.

Por último, debemos señalar que, incluso si los destinatarios de sus mensajes comprenden perfectamente sus intenciones, lo que no está garantizado en absoluto es que vayan a cumplir con sus solicitudes o acudan en su ayuda si usted se lo pide. Por dar sólo un ejemplo, a un médico al que conocemos le costó mucho que alguien cubriera su turno para poder asistir a una boda, una situación desconcertante para nosotros por tratarse de una persona tan agradable y respetada, además de haber cubierto a varios colegas suyos en el pasado. Claro que, cuando quisimos saber cómo había pedido ayuda a sus colegas, supimos inmediatamente cuál había sido el problema: había enviado un correo electrónico colectivo pidiendo ayuda, con los nombres visibles de todos los destinatarios.

Esta estrategia es problemática porque genera lo que se denomina difusión de responsabilidad, ya que al enviar aquel correo colectivo sin ocultar el gran número de destinatarios, no hubo nadie que se sintiera personalmente responsable de ofrecer su ayuda, sino que, muy al contrario, seguramente todos dieron por sentado que alguna otra persona de la lista accedería a echar una mano. Dentro de una demostración clásica de la difusión de responsabilidad, los psicólogos sociales John Darley y Bibb Latané escenificaron una situación en la que un estudiante aparentaba estar sufriendo un ataque epiléptico. Cuando un solitario transeúnte era testigo del suceso, esa misma persona ayudaba en casi un 85% de las veces, pero cuando eran cinco los transeúntes (todos ellos situados en habitaciones separadas, de forma que ninguno pudiera estar seguro de si la víctima estaba recibiendo ayuda), sólo el 31% se ofreció a ayudar.

Así las cosas, ¿qué podría haber hecho nuestro amigo para aumentar las probabilidades de que alguien se ofreciera voluntario a cubrir su turno? Si disponía del tiempo suficiente, podría haber seleccionado las personas que creyera más propensas a acceder (tal vez aquéllas a quienes él hubiera cubierto turnos anteriormente) y pedírselo o bien en persona o bien mediante un correo electrónico personalizado. O, si lo anterior no fuera viable por cualquier motivo, cuando menos podría haber enviado el correo electrónico ocultando los destinatarios para que aquellas personas no supieran exactamente a cuántos les había pedido ayuda.

Hasta ahora hemos analizado hasta qué punto el proceso de comunicar e influir en los demás se ve afectado por el uso del correo electrónico frente a las formas más tradicionales de comunicación, pero ¿qué ocurre con los demás aspectos de la e-persuasión? Por ejemplo, ¿qué dicen los estudios psicológicos sobre el diseño de los sitios en la Red corporativos? Empecemos con una ilustración.

Suponga que un buen día, después de leer este libro, decide hacerse con más ejemplares para tener una copia en casa, otra en el despacho y una tercera en la guantera para casos de emergencia.

Cuando ha arramblado con los dos últimos ejemplares que quedaban de *¡Sí!* en una librería cercana y los lleva hasta la caja, el siguiente comentario de la cajera le deja desconcertado: «¿Está seguro de que quiere comprar esos libros aquí?» le pregunta. «Sé que tenemos algunos de los precios más competitivos de ese libro, pero hay una librería muy cerca de aquí que lo vende por un 15% menos. Si quiere, puedo dibujarle un plano para llegar hasta allí». Con un servicio al cliente como ése (o, más exactamente, con un servicio al no-cliente como ése), usted se preguntará cómo ha sobrevivido ese comercio.

Aunque nuestro ejemplo suene un tanto absurdo, algunas empresas han adoptado esta práctica de aparente auto-exterminio. Piense, por ejemplo, en Progressive Auto Insurance, la tercera aseguradora de vehículos de Estados Unidos y una compañía que se ha enorgullecido desde siempre de las innovaciones que la distinguen de la competencia, como ser la primera gran aseguradora de vehículos del mundo que lanzó un sitio en la Red en 1995. Un año más tarde, los conductores que buscaban información sobre los precios de los seguros podían utilizar la Red no sólo para conocer las tarifas de Progressive, sino también las de los principales competidores de la empresa. Actualmente, la página presenta incluso una tabla de tarifas o barra de información en movimiento que enumera las comparaciones conocidas por varios visitantes. Aunque no cabe duda de que Progressive ofrezca mejores tarifas en muchos de estos casos, no siempre es así. Por ejemplo, cuando comprobamos el sitio inmediatamente antes de escribir estas líneas, la tabla de tarifas informaba de que alguien con las iniciales C.M. en el Estado de Winconsin podía ahorrarse casi 942 dólares al año si aseguraba su Toyota con uno de los competidores de Progressive.

¿Esta técnica consigue vender seguros o garantiza la propia extinción? Desde luego, el enorme crecimiento de la compañía desde que puso en marcha esta innovación (en una media del 17% anual, con primas anuales que han pasado de 3.400 a 14.000 millones de dólares) parece sugerir que funciona y la investigación de Valerie Trifts y Gerald Häubl tal vez nos explique por qué.

En su experimento, Trifts y Häubl explicaron a los participantes que su universidad estaba considerando embarcarse en un proyecto junto con varias librerías electrónicas. La tarea de los participantes consistía en realizar una búsqueda a través de la Red de una serie de libros, comparar los precios entre los distintos comercios y decidir en cuál de ellos comprarlos. Es importante resaltar que, para la mitad de los participantes, una librería concreta no sólo incluía su precio para cada libro, sino también los precios de otros establecimientos, mientras que la otra mitad no disponía de esa información comparativa. Los investigadores también variaron la posición en el mercado de esa librería, por lo que algunos participantes veían que sus precios eran relativamente bajos de media, otros observaban lo contrario y un tercer grupo encontraba que los precios eran prácticamente iguales que los demás establecimientos.

En cierta medida, los resultados respaldaron la política de Progressive, aunque cabe destacar que dependían de un factor tan crítico como la posición en el mercado. Cuando los precios del comercio en cuestión eran clara y sistemáticamente inferiores o superiores a los demás, no importaba realmente que se ofreciera una comparación de precios, pero cuando algunos libros costaban más y otros menos (una situación más similar a la manera en que funcionan la mayoría de las empresas en el mundo real), la comparación marcaba la diferencia, puesto que los participantes de este grupo mostraron una mayor tendencia a comprar en aquel establecimiento. Además de parecer más fiable (al fin y al cabo, como hemos comentado antes en este libro, las personas y organizaciones deshonestas raramente abogan contra su propio interés), los consumidores probablemente aprecien las comparaciones de precios por el tiempo y el esfuerzo que sin duda les ahorran.

En resumen y para volver al escenario original de la librería, las conclusiones del estudio (y del éxito de Progressive hasta la fecha con esta práctica) sugieren que las compañías que ofrecen los precios de la competencia a sus clientes potenciales tal vez acaben perdiendo la batalla pero se encuentran en la mejor posición para ganar la guerra de precios.

La investigación de las comparaciones a través de la Red demostró que se pueden adaptar determinados aspectos de los sitios corporativos para persuadir a los clientes potenciales de que contraten sus servicios, aunque ¿existe algún factor de los sitios en la Red menos obvio pero capaz de influir en la conducta de los consumidores? Por ejemplo, ¿podría algo tan sutil como el fondo de pantalla convertir a los meros visitantes en compradores?

Diversos experimentos realizados por los investigadores de consumo Naomi Mandel y Eric Johnson parecen indicar que sí. En uno de esos experimentos, los participantes visitaban el sitio en la Red de una hipotética tienda en la que debían escoger entre dos sofás, uno descrito como muy cómodo pero también muy caro, y el otro como bastante cómodo pero nada caro. Los investigadores también variaron el fondo de la página en un intento por orientar la decisión de los participantes hacia el ahorro económico o hacia la comodidad y, a la hora de seleccionar los fondos de la página, se apoyaron en los datos de un estudio anterior, donde se mostraba un anuncio de un sofá con dos fondos posibles: imágenes de monedas de centavo sobre fondo verde o nubes esponjosas sobre fondo azul. Después de solicitar a los participantes que enumeraran los aspectos más importantes a la hora de comprar un sofá, los que fueron expuestos al fondo de los centavos eran más propensos a mencionar la importancia del precio que los que habían visto el fondo de las nubes, que tendían más a subrayar la comodidad.

En vista de aquellas conclusiones preliminares, Mandel y Johnson sospechaban que, cuando los participantes se plantearan la compra de un sofá en una tienda virtual con fondo de nubes, aumentarían las probabilidades de que adquirieran el modelo cómodo pero más caro y viceversa si el fondo del sitio estuviera repleto de monedas de centavo. Y eso fue exactamente lo que sucedió, aunque lo cierto es que los datos no se limitaban a una única clase de producto. Por ejemplo, los participantes eran más dados a decantarse por el vehículo más seguro (pero más caro) cuando el fondo contenía una imagen en tonos rojos y naranjas, que recordaban las llamas que pueden aparecer en un accidente de carretera.

Lo más singular de estos resultados fue la manera, poderosa pero sutil, en que aquellos matices influían sobre la conducta de las personas, puesto que casi todos los participantes insistían en que los fondos de los sitios en la Red no ejercían absolutamente ningún efecto sobre sus decisiones, lo cual, como bien sabemos, no reflejaba la realidad.

Quizá, la implicación más importante de todas sea que determinados aspectos de su web corporativa, como las imágenes que aparecen en el fondo de la pantalla, ejercen una influencia mucho mayor sobre la conducta de los consumidores de lo que usted seguramente piense. En efecto, sugieren que es posible seleccionar estratégicamente los fondos y demás imágenes de su web basándose en los puntos fuertes de sus bienes y servicios. En otras palabras, al escoger cuidadosamente su fondo de pantalla, podrá traer las ventajas de sus productos (y tal vez de su organización) a un primer plano.

La influencia global

Hai. Hao. Da. Ja. Yes. Oui. Está claro que las personas dicen sí de maneras distintas dependiendo de dónde vivan, aunque ¿significa eso que las estrategias de persuasión necesarias para obtener un sí deban diferir según el contexto cultural del receptor del mensaje? ¿O un enfoque uniforme podría ser igualmente eficaz, sin distinción del país de procedencia del receptor? Si bien los principios fundamentales de la influencia social, así como muchas de las estrategias que hemos abordado a lo largo de este libro son poderosamente persuasivos en cualquier cultura, las últimas investigaciones subrayan ciertas diferencias sutiles a tener en cuenta para adaptar sus tácticas y mensajes al contexto cultural de la persona a la que quiere persuadir. Básicamente, estas diferencias obedecen a la variedad de normas y tradiciones culturales que empujan a las personas de las distintas sociedades a otorgar mayor importancia a determinados aspectos de un mensaje persuasivo en detrimento de otros.

Pongamos como ejemplo la investigación llevada a cabo por Michael Morris y su equipo entre los empleados de Citibank, una de las mayores corporaciones financieras multinacionales del mundo. Los investigadores realizaron una encuesta en sucursales de Citibank de cuatro países (Estados Unidos, Alemania, España y China/Hong Kong) para medir la disposición de sus empleados a acceder voluntariamente a la petición de ayuda de un compañero de trabajo. Aunque los encuestados se encontraban bajo la influencia de muchos factores idénticos, algunos de ellos eran más influyentes que otros, según el país.

Los empleados estadounidenses eran más dados a adoptar un planteamiento de reciprocidad directa, preguntándose lo que la otra persona había hecho por ellos y sintiéndose obligados a ofrecerse voluntarios si le debían algún favor al solicitante. Los empleados alemanes, por otro lado, eran más propensos a dejarse influir por el grado en que la solicitud encajaba con las normas de la organización y, antes de decidirse, se preguntaban si debían ayudar a la persona de acuerdo con la normativa oficial y las categorías del banco. El personal español de Citibank basaba su decisión sobre todo en las normas de la amistad que fomentan la lealtad hacia los propios amigos, independientemente de su posición o consideración social, preguntándose si la persona tenía alguna relación con sus amistades. Por último, los empleados chinos respondían a la autoridad mostrándose leales para con las personas de mayor rango de su grupo, planteándose si el solicitante tenía algo que ver con alguien de su unidad, especialmente de una jerarquía superior.

Tal y como señalan Morris y su equipo, la investigación presenta importantes implicaciones prácticas. Para empezar, las empresas que estén considerando transferir prácticas, políticas y estructuras organizativas de un contexto cultural a otro deben conocer las normas de obligatoriedad de la nueva cultura, o de lo contrario correrán el riesgo de convertir una máquina bien engrasada en una sociedad en un cacharro atascado en otra.

Además, las conclusiones sugieren que a los directivos que se trasladan de un contexto cultural a otro probablemente les convenga adaptar sus estrategias para garantizar el cumplimiento de las demás personas de su sucursal. Por ejemplo, un directivo transferido de Munich a Madrid tal vez encuentre que desarrollar relaciones personales de amistad con otras personas es un factor más importante para obtener el cumplimiento en el lugar de trabajo, mientras que si el traslado es al contrario, puede que acabe descubriendo que realizar solicitudes ajenas a las directrices formales de la organización (por ejemplo, pedir a un compañero que no haga caso de cierto papeleo, una práctica quizás aceptable en su antiguo contexto laboral) no se considera apropiado en su nueva ubicación.

Aunque las cuatro culturas examinadas en el estudio de Citibank difieren en varias dimensiones psicológicas de importancia, los investigadores de la influencia social han centrado su atención en el grado en que una dimensión particular, conocida como el individualismo/colectivismo afecta al proceso persuasivo. En resumen, el individualismo es una orientación que asigna la máxima prioridad a las preferencias y derechos del individuo, mientras que el colectivismo, por otro lado, hace lo propio con las preferencias y derechos del grupo. Aunque pueda tildarse de simplificación excesiva, podría decirse que en las culturas individualistas impera el yo y en las colectivistas el nosotros. De esta manera, los habitantes de países como Estados Unidos, el Reino Unido y otras naciones de Europa occidental tienden a ser más individualistas, mientras que muchos otros países del mundo, incluidas algunas zonas actualmente en vías de expansión como socios comerciales internacionales (Asia, América del Sur, África y Europa del Este) son más colectivistas.

Los investigadores Sang-Pil Han y Sharon Shavitt se dispusieron examinar las implicaciones de estas orientaciones culturales respecto a la persuasión en el ámbito mercadológico, partiendo del supuesto de que en las culturas colectivistas la publicidad que subraya las ventajas del producto para los miembros del propio grupo (amigos, familiares o compañeros de trabajo) sería más persuasiva que la que se fija exclusivamente en los beneficios del producto para el propio consumidor. También predijeron que lo anterior se daría sobre todo en el caso de productos que suelen compartirse con otras personas, como ocurre con los aparatos de aire acondicionado o la pasta de dientes.

Eh primer lugar, Han y Shavitt se propusieron demostrar sus ideas y, para ello, escogieron dos revistas de Estados Unidos y Corea del Sur, asegurándose que tuvieran un grado semejante de popularidad y género en ambos países. A continuación, seleccionaron aleatoriamente varios anuncios de esas revistas y pidieron a personas nativas y bilingües, que habían recibido formación para llevar a cabo la tarea, que los analizaran según el grado en que resaltaban el beneficio del producto para una persona o para su grupo. Los investigadores descubrieron que los anuncios estadounidenses eran, en efecto, más propensos que los surcoreanos a destacar los beneficios del producto para el individuo, especialmente comparados con los productos compartidos. Mientras que los anuncios en Estados Unidos tendían a apelar a la individualidad del lector («El arte de ser único», etc.), la automotivación para mejorar («Usted, pero mejor») y los objetivos personales («Con mi nuevo aspecto estoy preparada para mi nuevo puesto»), los anuncios surcoreanos tendían a recalcar el sentido de responsabilidad del lector para con su grupo («Una forma más estimulante de mantener a su familia»), la motivación para mejorar al grupo («Un sueño de prosperidad para todos») y la consideración de las opiniones del grupo («A nuestra familia le gusta la selección del mobiliario para el hogar»).

Una vez hubieron confirmado que los mensajes persuasivos engastados en los anuncios apuntaban a diferentes motivaciones de los consumidores basándose en la orientación cultural de la sociedad, los investigadores quisieron responder a una pregunta de mayor importancia psicológica: ¿los mensajes con enfoque colectivista e individualista son realmente más persuasivos en sus respectivas culturas? Al fin y al cabo, y como hemos comentado en la introducción de este libro, el hecho de que los mercadólogos crean que determinados tipos de mensajes son más efectivos que otros no implica necesariamente que tengan razón.

Para responder a esa pregunta, Han y Shavitt crearon sendas versiones de anuncios para una variedad de productos (una con enfoque colectivista y otra individualista). Por ejemplo, la versión individualista del anuncio de una marca de chicles decía así: «Regálese una experiencia refrescante»; fíjese en que este mensaje se centra en las ventajas refrescantes que afectan únicamente al consumidor. Bien es sabido, por otra parte, que la cualidad del aliento de una persona no es un asunto exclusivamente personal, sino que puede afectar también a los que lo rodean y, comprensiblemente, la versión colectivista del mismo anuncio invitaba a «Compartir la experiencia refrescante». (Por supuesto, los anuncios estaban redactados en inglés para los participantes estadounidenses y en coreano para los surcoreanos).

Los resultados revelaron que los participantes de Corea del Sur se dejaban persuadir más por el anuncio colectivista, al contrario de lo que sucedía con los estadounidenses y, consecuentemente con el estudio anterior, el efecto era especialmente marcado con los productos que se suelen compartir con otras personas. Esta conclusión debería dar que pensar a cualquier mercadólogo decidido a englobar a varios países dentro de una campaña uniforme, puesto que es más conveniente adaptar cada una de ellas a la orientación cultural de las sociedades en las que se desarrollen. Tal vez el aliento de toda una nación dependa de ello.

La investigación de Han y Shavitt demuestra que las personas de culturas individualistas tienden a otorgar una mayor consideración a sus propias experiencias, mientras que los habitantes de culturas colectivistas hacen lo mismo con las experiencias de las personas cercanas a ellos. ¿De qué manera afectan esas diferencias culturales a la importancia relativa que las personas conceden a los principios fundamentales de la influencia social?

Ampliemos la pregunta a partir de un ejemplo y quién mejor para ilustrar las tendencias de los habitantes de las culturas individualistas que una figura del país más individualista (Estados Unidos) y del deporte más individualista (el golf). Hace algunos años, el legendario golfista estadounidense Jack Nicklaus presenció con suma congoja el fallecimiento de su joven nieto y, varios días más tarde, dejó claro en una entrevista que las probabilidades de que participara en el Masters, uno de los torneos de golf más prestigiosos, eran «entre escasas y nulas». Sin embargo, y ante la sorpresa de muchos, también anunció que competiría en otros dos campeonatos en un futuro próximo. ¿Qué poderoso factor pudo convencer a un hombre afligido para que participara en aquellos eventos al poco tiempo de sufrir una tragedia tan devastadora?

Al parecer, Nicklaus había prometido participar en aquellos torneos antes de que muriera su nieto y, en sus propias palabras, «los compromisos hay que cumplirlos». Ya hemos comentado antes que la motivación de coherencia con los propios compromisos puede ejercer una gran influencia en nuestras acciones, aunque ¿su fuerza de motivación es idéntica en cualquier cultura? O, lo que es lo mismo, ¿un golfista de un contexto cultural diferente se sentiría igualmente obligado por sus acciones y compromisos previos en la misma situación?

Para poder comprender mejor la respuesta a esta pregunta, consideremos un experimento que uno de nosotros realizó junto con Stephen Sills y Petia Petrova como investigadora principal. En aquel estudio, se envió a estudiantes de centros estadounidenses (oriundos de Estados Unidos y de Asia) un correo electrónico donde se les pedía que rellenaran una encuesta en la Red. Un mes después de la primera solicitud, todos recibieron otro correo pidiéndoles su participación en otra encuesta a través de la Red relacionada con el primer proyecto, aunque se les avisó de que rellenar la segunda encuesta les llevaría aproximadamente el doble de tiempo que la primera.

En primer lugar, descubrimos que los estudiantes estadounidenses eran ligeramente menos propensos a cumplir con la solicitud inicial que sus homólogos asiáticos y, sin embargo, los estadounidenses que accedieron a cumplimentar la encuesta presentaban una mayor probabilidad de cumplir con la segunda (cerca del 22%) que los asiáticos (cerca del 10%). En otras palabras, descubrimos que el cumplimiento de la solicitud inicial ejercía una influencia muy superior de cara a la siguiente petición entre los participantes estadounidenses que entre los asiáticos.

¿Cuál es la razón? Tal vez, otro estudio arroje más luz sobre una cuestión tan desconcertante como ésta, en concreto una investigación realizada por uno de nosotros junto con varias otras personas. En aquel estudio, descubrimos que cuando pedíamos a estudiantes americanos que participaran gratuitamente en una encuesta de mercado, se dejaban influir más por su propio historial de aceptación de peticiones similares (en otras palabras, sus compromisos previos) que por el historial de sus semejantes, justo lo contrario que ocurrió en Polonia (un país más colectivista). Allí, lo que había hecho el grupo de semejantes del alumno era un motivador más poderoso respecto al cumplimiento actual que lo que había hecho el propio estudiante.

Estos resultados obedecen principalmente a las diferencias culturales entre las sociedades individualistas y colectivistas, ya que para los habitantes de las primeras, al ser más dados a otorgar una importancia mayor a sus experiencias personales, la coherencia con su pasado suele ser un motivador más poderoso, mientras que para los habitantes de culturas colectivistas, que suelen dar más peso a las experiencias de otras personas cercanas a ellos, la conducta de éstas les influye más. En resumen, si tiene que pedirle un favor a un inglés, un estadounidense o un canadiense, tendrá más éxito si le señala que acceder a su petición se ajusta a lo que esa persona ha hecho anteriormente. Sin embargo, si va a pedirle un favor a una persona procedente de un país colectivista, deberá recalcar que hacerlo se ajusta a lo que su grupo de iguales ha hecho anteriormente.

Para poner un ejemplo concreto, suponga que su compañía hace negocios con éxito desde hace dos años con una empresa del Este de

Europa. Durante todo este tiempo, a menudo se ha visto en la tesitura de pedir a sus socios europeos que le hagan el favor de proporcionarle información actualizada de mercadología y tanto su contacto principal, el señor Slawek, como todo su equipo han hecho lo imposible hasta ahora para cumplir con sus solicitudes. Suponga, además, que vuelve a necesitar información actualizada, así que descuelga el teléfono y dice lo siguiente: «Señor Slawek, hasta ahora ha sido tan servicial que confío en que podrá proporcionarnos información actualizada de nuevo». Pues bien, al hacerlo habrá cometido un error, ya que los resultados de estos estudios parecen indicar que la siguiente frase le garantizaría una mayor probabilidad de éxito: «Señor Slawek, hasta ahora tanto usted como su equipo han sido tan serviciales que confío en que podrán proporcionarnos información actualizada de nuevo». Se trata de un error fácil para una persona inglesa, europea occidental o norteamericana, al asumir que todo el mundo funciona según el principio de la coherencia personal (es decir, la tendencia a decidir lo que debemos hacer basándonos en lo que hemos hecho previamente). Por el contrario, y como lo demuestran estos estudios, en muchos países colectivistas la coherencia personal respecto a las acciones previas de uno mismo pesa menos que el principio de la aprobación social (o, lo que es lo mismo, la tendencia a decidir lo que debemos hacer basándonos en lo que nuestro grupo ha hecho previamente).

Además, las personas procedentes de culturas colectivistas e individualistas tienden a otorgar un peso relativo diferente a las dos funciones básicas de la comunicación: la informativa, según la cual nos comunicamos para transmitir información a otras personas, y la relacional, menos obvia, que sostiene que al comunicarnos estamos facilitando la creación y el mantenimiento de relaciones con los demás. Aunque, evidentemente, ambas funciones son importantes para las personas de cualquier cultura, los investigadores Yuri Miyamoto y Norbert Schwarz han sugerido que las culturas individualistas ponen más énfasis en la función informativa frente a la función relacional, preferida de las culturas colectivistas.

Pese a que dicha diferencia cultural presenta implicaciones en una variedad de cuestiones del ámbito comunicativo, Miyamoto y

Schwarz analizaron un único aspecto de la comunicación, presente en el día a día de nuestros hogares y lugares de trabajo: los contestadores automáticos. Los investigadores sospechaban que, dado que los japoneses tienden a ser colectivistas y, por lo tanto, se centran más en la creación y el mantenimiento de relaciones con otras personas, les costaría más plantear una solicitud medianamente compleja a través de un contestador, argumentando que si a los japoneses les preocupa más el grado en que las comunicaciones afectan a sus relaciones que a los americanos, transmitir un mensaje en el que no obtuvieran reacción alguna de cómo había sido recibido les resultaría más incómodo intelectualmente. Para comprobarlo, Miyamoto y Schwarz pidieron a los participantes americanos y japoneses que dejaran una petición bastante detallada de ayuda en un contestador en su lengua nativa. Mientras que los estadounidenses fueron al grano directamente, sus homólogos japoneses tardaron más en transmitir el mensaje y parecían más preocupados sobre cómo afectaría a su relación con el destinatario.

Los investigadores también preguntaron a los participantes de ambos países por su experiencia con los contestadores y, mientras que los estadounidenses admitieron que la mitad de las veces colgaban el teléfono si les salía un contestador, los japoneses aseguraban hacer lo mismo ni más ni menos que el 85% de las veces. Y, en concordancia con la explicación de los resultados del estudio anterior, a la pregunta de qué les gustaba menos de los contestadores, los japoneses tendían a citar más motivos relacionales («es difícil tener un tono personal en los mensajes») que los estadounidenses, mientras que el patrón cultural era el opuesto con los motivos informativos («hay gente que no escucha los mensajes»).

¿Qué nos enseñan estos estudios sobre la influencia dentro y fuera del lugar de trabajo? Como hemos comentado antes en este capítulo, las relaciones son un componente fundamental del proceso persuasivo, especialmente en las personas con trasfondo colectivista. Cuando dejamos mensajes en un contestador, puede que resulte tentador, sobre todo para las personas de cultura individualista, centrarse íntegramente en la transmisión eficiente de un dato, pasando por alto la relación entre el emisor y el receptor. Estos estudios, sin embargo, parecen indicar que cuando tratemos con personas de culturas colectivistas es particularmente importante prestar atención a la relación y en particular a los atributos verdaderamente comunes.

Lo mismo puede aplicarse a la conversación. De hecho, basándose en un estudio que demuestra que los oyentes japoneses tienden a comunicar más sus reacciones («ya», «sí») que sus homólogos estadounidenses durante una conversación, Miyamoto y Schwarz sugieren que una persona japonesa probablemente opine que hablar con un americano es como dirigirse a un contestador, una idea que coincide con el resultado de otra investigación en la que los participantes japoneses eran más dados a sentir aversión hacia los contestadores porque «es difícil hablar cuando no hay respuestas». Las conclusiones también indican que deberíamos comunicar nuestra reacción cuando hablemos con personas de culturas colectivistas, haciéndoles saber que estamos tan atentos a la relación que compartimos con ellas como a la información que están tratando de transmitirnos.

Por último, estas conclusiones nos advierten que dejar que el contestador responda a las llamadas puede ser una decisión traicionera, sobre todo cuando la persona que llama pertenece a una cultura colectivista. Y lo peor que le puede pasar no es que acabe jugando al gato y el ratón por teléfono, sino que la partida se convierta en un solitario y usted ni siquiera se haya enterado.

Anexo.
La influencia ética

A lo largo de todo el libro hemos descrito diferentes estrategias de influencia social a las que nos hemos referido como instrumentos de persuasión y así es, precisamente, como deberían usarse: como herramientas constructivas que contribuyan a cimentar relaciones auténticas con los demás, resaltar los verdaderos puntos fuertes de nuestros mensajes, iniciativas o productos y, en último término, generar resultados que beneficien a todas las partes. Cuando la aplicación de estas herramientas adolece de falta de ética y se convierten en armas (por ejemplo, trasladando de forma deshonesta o artificial los principios de la influencia social a situaciones en las que no existen naturalmente), las ganancias a corto plazo irán seguidas casi inevitablemente de pérdidas a la larga. Y es que, por mucho que el uso deshonesto de las estrategias de persuasión funcione en ocasiones a corto plazo (a algunas personas se las puede convencer con un conjunto de argumentos pobres o engañarlas para que adquieran un producto defectuoso), las consecuencias a largo plazo para la reputación, cuando se acaba descubriendo la falta de honradez, son nefastas.

Pero no sólo desanimamos el uso deshonesto de las herramientas de persuasión, sino que también conviene analizar los peligros inherentes de explotar las aplicaciones de algunas de las herramientas que hemos descrito. Lo haremos con un ejemplo: en la primavera de 2000, el Reino Unido se vio inmerso en una grave crisis. Por todo el país, las empresas se hundían en la desesperanza, las escuelas se vaciaban, los comercios no conseguían clientes y los servicios de suministro público se encontraban al borde de un cataclismo. La causa de aquella crisis fue la escasez del petróleo, aunque esto sólo era cierto en parte. En realidad, el petróleo abundaba; el problema era que las gasolineras se habían quedado sin existencias por el bloqueo de varias refinerías a manos de unos manifestantes, descontentos por el precio del combustible en los surtidores.

La escasez de petróleo provocó efectos inmediatos: decenas de miles de conductores formaron cola en las estaciones de servicio para llenar sus tanques con el combustible tan preciado, aunque a medida que la situación se asentaba, la conducta de los conductores cambió. La prensa local y nacional, las emisoras de radio y los canales de televisión difundían historias de cómo muchos hacían cola en una gasolinera para llenar el depósito y, nada más terminar, conducían un par de kilómetros hacia otra gasolinera para volver a echar gasolina. Algunos conductores incluso pasaban la noche dentro de sus vehículos, estacionados a la entrada de las estaciones de servicio con la esperanza de poder ser los afortunados destinatarios de los escasos envíos de combustible que lograban atravesar el bloqueo. He aquí el poder de la escasez en acción.

En lo más alto de la crisis, hubo un dueño de gasolinera que recibió supuestamente una entrega de gasolina. Se trataba de la única estación de servicio con existencias en muchos kilómetros a la redonda y la noticia se propagó rápidamente. Consciente de la singular posición en la que se encontraba y, al observar la larga fila de coches que se había formado en el exterior, aquel empresario emprendedor, como tal vez era de esperar, se aprovechó de la situación subiendo el precio de la gasolina y no por una cantidad módica, sino aumentando el precio diez veces, por encima de las seis libras el litro.

¿Aquellos conductores, contrariados pero hambrientos de combustible, se negaron en masa a pagar unos precios tan abusivos? Todo lo contrario. Aunque indignados, acudieron en tropel para conseguir todo el combustible que pudieran y, al cabo de algunas horas, los tanques de la gasolinera se vaciaron hasta la última gota y en un único día el dueño del establecimiento registró unos beneficios que normalmente le hubieran llevado dos semanas.

¿Qué ocurrió con su negocio dos semanas después, cuando la crisis terminó? Las consecuencias pueden resumirse en una palabra:

desastrosas. Al explotar la escasez de combustible y forzar a los desesperados conductores a pagar unos precios ridículamente inflados, se benefició a corto plazo pero salió perdiendo a la larga por culpa de un simple rechazo de los consumidores. Algunos clientes llegaron más lejos todavía y se tomaron la molestia de informar a todos sus amigos, vecinos y compañeros de trabajo acerca de la actuación de aquel dueño de gasolinera. Al final, su negocio perdió casi todos los clientes que tenía y, al cabo de muy poco tiempo, su dañada reputación le obligó a cerrar. Esta historia concuerda completamente con multitud de estudios que demuestran que, cuando alguien se comporta de manera poco fiable, no hay mucho que pueda hacer para recuperar la confianza del público.

Si aquel dueño de gasolinera hubiera tenido en cuenta el conjunto de poderosas herramientas de la influencia social que tenía a su disposición, habría descubierto que, efectivamente, existían otras opciones mejores y que le hubieran reportado beneficios superiores a largo plazo. Para empezar, podría haberse asegurado de que sus existencias de combustible fueran a parar principalmente a sus clientes locales o habituales, explicándoles que lo hacía porque valoraba su fidelidad. O podría haber colocado una señal avisando que él se negaba a desplumar a los necesitados motoristas en tiempos de crisis, actuando contra su propio interés (únicamente a corto plazo) y dando una imagen simpática, generosa y de fiar a ojos de los conductores, un paso que, sin duda, le hubiera reportado amplios dividendos en el futuro. Incluso si no hubiera hecho nada más que mantener unos precios razonables, sus clientes probablemente habrían estado encantados de adquirir algunos extras en la tienda en señal de gratitud hacia un empresario que no se aprovechaba de ellos en circunstancias tan difíciles como aquéllas.

En realidad, la conducta de aquel dueño de gasolinera es comprensible hasta cierto punto. Muchas de las personas a las que deseamos convencer se ven a menudo forzadas a tomar decisiones rápidamente a causa del intenso ritmo de vida que llevan y lo mismo nos ocurre a los persuasores. Con frecuencia, la primera estrategia de influencia que se nos ocurre no es la más ética, pero si nos tomamos la molestia de considerar todas las opciones disponibles que conocemos en nuestra nueva caja de herramientas, podremos progresar en nuestras perspectivas, productos o iniciativas de una forma noble, honesta y duradera. Al mismo tiempo, como persuasores éticos podemos consolarnos pensando que las personas que optan por blandir la influencia social como un arma en lugar de una herramienta acabarán, inevitablemente, pegándose un tiro en su propio pie.

Anexo.
La influencia, en acción

En este libro nos hemos propuesto comentar algunos aspectos de cómo funciona el proceso de la influencia desde una perspectiva científica y hemos tenido sumo cuidado de ofrecer únicamente aquellas estrategias de influencia cuya eficacia ha sido demostrada por estudios e investigaciones rigurosamente controladas. No hemos basado nuestras recomendaciones deliberadamente en corazonadas o anécdotas de nuestra propia cosecha, sino que nos hemos apoyado íntegramente en el grueso de la investigación del estudio de la influencia social y la persuasión. En esa misma línea, usted puede estar seguro de que sus intentos de influir y persuadir a los demás ya no deben basarse sólo en sus intuiciones y experiencias, porque ahora tiene a la ciencia de su parte.

Con mucha frecuencia nos contactan personas de muchos contextos laborales distintos para informarnos de sus experiencias en la aplicación de la ciencia de la persuasión. Algunas de ellas trabajan para multinacionales, otras en el gobierno o la educación, otras son autónomas e incluso hay personas simplemente interesadas en lo que la ciencia nos enseña sobre la persuasión. A continuación incluimos algunos ejemplos de cómo se han empleado éticamente una o más conclusiones científicas en beneficio de la mayor capacidad de persuasión.

Nick Pope, director de formación del equipo de ventas (Europa, Oriente Medio y África) de Bausch & Lomb:

«Una de nuestras formas de desarrollar la relación con los clientes consiste en invitarles a presentaciones educativas y reuniones. Sin embargo, últimamente nuestros clientes se ven bombardeados por convocatorias de reuniones y jornadas de estudio patrocinadas por diferentes compañías y no sorprende que, en ocasiones, muchos de los que confirman en un principio su asistencia a un acto al final no se presentan. Y eso puede afectar considerablemente a nuestro negocio.

Aplicando el principio del compromiso y la coherencia, antes de invitar a ningún cliente a una reunión importante le pedimos que (a) indique su interés hacia un tema en particular y después (b) redacte un par de preguntas que le gustaría ver contestadas sobre esa materia.

Cuando reciben la invitación, dejamos claro que nuestro conferenciante invitado y experto en la materia responderá a algunas de esas preguntas.

La expectación ante si su pregunta (que ya se han comprometido a plantear) va a ser respondida en un foro abierto ha conseguido que los niveles de participación aumenten de forma espectacular desde que aplicamos este principio».

Dan Norris, director de formación, Holt Development Services (San Antonio, Texas, EE.UU.):

«Los obsequios son una tradición en el mundo de la franquicia deportiva. Ya se trate de gorras, camisetas o entradas gratis, muchos equipos como el nuestro los utilizan para atraer a los aficionados a los partidos. La casa matriz de nuestra empresa posee varios clubes deportivos, incluido un equipo de hockey de una liga menor.

Tras una época mala en ventas de entradas, tuvimos que comunicar a los titulares de abonos de temporada que nos veíamos obligados a recortar los obsequios promocionales. Organizamos varios estudios en grupo y el primero reaccionó muy mal a la noticia, puesto que para ellos los obsequios eran una expectativa más que un regalo. Sin querer, les habíamos centrado en la posibilidad de perder exactamente aquello que habían aprendido a esperar, la reunión fue acalorándose y muchos aficionados se marcharon a casa enfadados.

Después, nos reunimos para abordar una estrategia distinta y decidir cómo podíamos ganar en eficacia aplicando el principio de la reciprocidad. Así, en el siguiente estudio en grupo empezamos pidiendo a los aficionados que nombraran los distintos obsequios que habíamos regalado a lo largo de los años y ellos respondieron jerseys, entradas, palos de hockey autografiados, etc. Después de sus respuestas, les indicamos que estábamos muy orgullosos de haber podido entregarles aquellos obsequios en el pasado y que lo seguiríamos haciendo en el futuro, aunque en aquel momento las ventas de entradas estaban cayendo y nos iba a ser difícil hacerlo. A continuación les preguntamos qué podíamos hacer para atraer a más aficionados a los partidos y su reacción no podría haber sido más distinta a la del primer grupo. Los socios sugirieron cómo podían conseguir que más amigos y familiares asistieran a los partidos y algunos incluso señalaron que "es lo menos que podemos hacer después de todo lo que ustedes han hecho por nosotros"».

John Fisher (Preston, Reino Unido):

«Mi mujer confeccionaba y vendía ropa infantil por su cuenta. Cuando empezó, apenas tenía varios diseños y estampados que ofrecer a sus clientes, pero a medida que el negocio crecía y atraía a nuevos clientes, se propuso ampliar la oferta tanto en diseños como de telas y estampados. Una y otra vez descubrimos que cuanto mayor era la oferta, menos compraba la gente. Aunque lo lógico es pensar que es mejor tener más donde elegir, mi mujer veía que, en ocasiones, disponer de muchas opciones para sus clientes significaba que le hacían menos pedidos».

Brian F. Ahearn, State Auto Insurance Companies (Columbus, Ohio, EE.UU.):

«Una de mis responsabilidades consiste en ayudar a seleccionar nuevas agencias independientes que representen a nuestra compañía. Con este propósito, solíamos enviar material promocional a agencias potenciales para que nos conocieran mejor y, aunque confiábamos en que la mayoría de los agentes leían nuestras comunicaciones, casi nunca recibíamos respuestas directas. Cuando conocimos el principio de la escasez, nos dimos cuenta de que estábamos desaprovechando una oportunidad que habíamos tenido delante todo el tiempo.

No trabajamos en todos los Estados y cada año nos fijamos un objetivo modesto en la selección de nuevos agentes en nuestras áreas de operación pero no habíamos caído en la cuenta de incorporar estos datos, es decir, nuestros progresos actuales, a las comunicaciones que estábamos enviando. Al comprender cómo la escasez empuja a las personas a actuar, empezamos a incluir una línea como ésta al final de todos nuestros comunicados: "Todos los años fijamos el objetivo de seleccionar únicamente a varias agencias nuevas para trabajar con nosotros. En 2006, el número se ha establecido en sólo 42 agencias en los 28 Estados donde operamos y, hasta el momento, ya hemos seleccionado a más de 35. Esperamos sinceramente que su agencia pueda ser una de las restantes que nombraremos antes de que acabe el año».

La diferencia saltó a la vista inmediatamente y, en cuestión de días, empezamos a recibir solicitudes. No nos hizo falta incurrir en gastos adicionales, lanzar una nueva campaña mercadológica ni efectuar cambios de producto o sistemas; sólo hubo que añadir tres frases con contenido totalmente verídico».

Kathy Fragnoli, Resolutions Group (Dallas y San Diego, Estados Unidos):

«Soy abogada pero dejé de ejercer hace trece años para convertirme en mediadora a tiempo completo. Mi trabajo consiste en reunirme con las partes de un litigio y ayudarlas a solucionar sus conflictos. La mayoría cuentan con la representación de un abogado. Una mediación típica comienza con todas las partes en una sala, se le pide a cada una que argumente su postura y, una vez escuchadas las declaraciones iniciales, acompaño a cada parte a sus salas respectivas y voy de una a otra tratando de convencer a cada litigante de que cambie la postura que adoptó por la mañana para poder llegar a una solución. A menudo ofrezco datos personales sobre los puntos fuertes y débiles de cada caso para facilitar el cambio.

Antes de leer acerca de la psicología de la persuasión, dejaba que cada parte indicara sus exigencias económicas en la sesión de apertura, a oídos de la otra parte, pero cuando comprendí el principio de la coherencia empecé a pedir a cada parte que se guardara la información sobre las exigencias u ofertas económicas hasta que me reuniera con ellos en privado. Mi índice de conflictos solucionados aumentó considerablemente cuando me di cuenta de que comprometerse en público con una cifra entorpecía los esfuerzos por llegar a un arreglo. Enseguida comprendí que, cuanta más personas en la sala escucharan las demandas iniciales, más difícil resultaba alejarlos de sus posturas».

Dil Sidhu, ayudante interino del director ejecutivo, distrito de Lambeth (Londres, Reino Unido):

«Cuando me incorporé a esta oficina, el distrito se enfrentaba a inmensos problemas de operación, liderazgo y gestión del cambio, además de encontrarse en medio de un importante programa de reactivación. Gracias al principio de la autoridad (según el cual nos fiamos de otras personas con conocimientos o inteligencia superior para guiar nuestras reacciones), encontré formas provechosas de garantizar que el panel de seguimiento y asesoría gubernamental aceptara el tipo y el ritmo de los cambios conseguidos. Me aseguré de divulgar las credenciales de las personas que venían a trabajar en el cambio de rumbo, así como los nombres de otras organizaciones que fueran decisivas para mejorar el rendimiento. Fue un paso pequeño pero provocó un cambio notable en la actitud del panel asesor y nos permitió la libertad necesaria para ponernos manos a la obra con el proyecto de reactivación».

Christy Farnbauch, distrito escolar de Hilliard (Ohio, EE.UU.):

«Tuve la oportunidad de poner a prueba algunos de estos principios durante una campaña para la emisión de bonos escolares. Trabajo para el noveno distrito escolar en tamaño de Ohio y habíamos intentado infructuosamente en tres ocasiones aprobar una emisión de bonos que financiara el tercer instituto y el décimo cuarto colegio de primaria. Durante la última campaña (de febrero a mayo de 2006), sugerí que intentáramos unas tácticas nuevas basadas en la ciencia de la persuasión.

Escogimos una campaña cuyo lema estaba redactado en sentido negativo y que decía así: "Nuestros hijos no pueden esperar". Anteriormente, los lemas de las campañas siempre habían sido positivos ("Unidos por los niños", "Construyendo hoy el mañana", etc.). Intentábamos transmitir la sensación de que había un tiempo limitado para actuar correctamente, mencionando de paso la aversión a la pérdida. La implicación era que nuestros hijos (y la comunidad) saldrían perdiendo si no actuábamos ya. Desarrollamos tres mensajes claros, basados en estudios locales y los articulamos una y otra vez (una estrategia política demostrada). También creamos una red social de más de 10.000 votantes mediante una estrategia de difusión del voto denominada "El mío y 9 más". Mediante una encuesta telefónica, identificamos a los votantes más propensos a apoyarnos y pedimos a 1.000 voluntarios que llamaran a nueve conocidos o compañeros de trabajo y realizaran un seguimiento durante las tres semanas previas a la elección. Los voluntarios estaban bien informados; muchos de ellos eran comunicadores convertidos porque habían votado anteriormente en contra de varias emisiones de bonos. Aun así, a los votantes potenciales se les pidió que se comprometieran a apoyar el tema escolar con su voto y dieran cuentas de un amigo o colega. Recibieron recordatorios de la elección justo hasta el cierre de las urnas el día de los comicios. También creamos tarjetas postales y otros mensajes adaptados a zonas específicas del distrito. Repito: era la primera vez que lo hacíamos.

Aunque no puedo demostrar científicamente que alguna de aquellas estrategias nos ayudara a ganar las elecciones, conseguimos aprobar la propuesta con un amplio margen. Creo que esas tácticas fueron inestimables respecto a nuestro éxito y las volveremos a utilizar en campañas futuras».

Tim Batchelor, director de formación, Surrey (Reino Unido):

«Cuando dirigía el departamento formativo de una importante empresa farmacéutica, fui el responsable de presentar un nuevo programa de técnicas de presentación para nuestra plantilla de 400 empleados en el Reino Unido. Aunque éramos conscientes de que el programa era muy innovador, también sabíamos que no todo el mundo pensaría lo mismo de la iniciativa, puesto que muchos empleados llevaban varios años en la organización y probablemente pensaban que ya lo habían visto todo antes. Basándonos en la idea de que las personas siguen el ejemplo de la mayoría, en el primer par de seminarios pedimos a los asistentes que escribieran lo que les había gustado sinceramente del taller. A continuación, tomamos aquellos comentarios positivos y los imprimimos en enormes carteles que colgamos en la pared durante los siguientes actos. En realidad, antes de empezar cualquier sesión, pedíamos a los delegados que revisaran los carteles y conocieran lo que sus compañeros habían dicho acerca del programa. En un principio, albergaba cierto escepticismo a que algo tan sencillo pudiera funcionar pero las repercusiones fueron increíbles y, al final del programa, habíamos recibido más de 200 mensajes electrónicos de personas que habían asistido (una cifra sin precedentes). Lo interesante fue que aquel catálogo de testimonios me ayudó a convencer a los altos directivos para que apoyaran futuros proyectos que estaba dirigiendo. Al fin y al cabo, no era yo el único que les decía lo estupendo que era el departamento de formación, sino que ahora tenía testimonios escritos de 200 empleados que opinaban lo mismo».

Notas

Introducción

La referencia completa del libro de Robert Cialdini es: CIALDINI, R. B., 1990, *Influir en los demás*, Barcelona: Ediciones S.

1. ¿Cómo aumentar la persuasión incomodando a su público?

El estudio de la mirada al cielo puede encontrarse en: MILGRAM, S., BICKMAN, L. y BERKOWITZ, L., 1969, «Note on the drawing power of crowds of different size», *Journal of Personality and Social Psychology*, 13: 79–82.

Los datos del estudio del hotel proceden de un manuscrito actualmente en proceso de revisión por colegas: GOLDSTEIN, N. J., CIALDINI, R. B. y GRISKEVICIUS, V., 2007, «A room with a viewpoint: the role of situational similarity in motivating conservation behaviours», manuscrito presentado a publicación.

Si desea conocer por qué es conveniente seguir a la multitud puede consultar: SUROWIECKI, J., 2005, Cien mejor que uno, Barcelona: Ediciones Urano.

2. ¿Cómo acelerar el efecto de subirse al carro?

Puede consultar una interesante serie de experimentos sobre cómo asociamos automáticamente determinados comportamientos a entornos y situaciones concretas en: AARTS, H. y DIJKSTERHUIS, A., 2003, «The silence of the library: environment, situational norm, and social behaviour», *Journal of Personality and Social Psychology*, 84: 18–28.

Los datos del estudio del hotel incluidos en este capítulo provienen del mismo manuscrito indicado en el capítulo anterior.

3. ¿Qué error común provoca la autodestrucción de los mensajes?

Los datos sobre el parque nacional se publicaron en: CIALDINI, R. B., 2003, «Crafting normative messages to protect the environment», *Current Directions in Psychological Science*, 12: 105–109.

Para más información sobre los estudios del Bosque Petrificado, lea: CIALDINI, R. B., DEMAINE, L. J., SAGARIN, B. J., BARRETT, D. W., RHOADS, K. y WINTER, P. L., 2006, «Managing social norms for persuasive impact», Social Influence, 1: 3–15.

4. ¿Cómo evitar el centro magnético cuando la persuasión puede ser contraproducente?

El estudio sobre el ahorro energético en los hogares puede consultarse en: SCHULTZ, P. W., NOLAN, J. M., CIALDINI, R. B., GOLDSTEIN, N. J. y GRISKEVICIOUS, V., 2007, «The constructive, destructive, and reconstructive power of social norms», *Psychological Science*, 18: 429–34.

5. ¿Cuándo ofrecer más hace que la gente quiera menos?

El análisis del plan de jubilación puede consultarse en: IYENGAR, S., HUBERMAN, G. y JIANG, W., 2004, «How much choice is too much?: contributions to 401(k) retirement plans», en MITCHELL, O. y UTKUS, S. (eds), *Pension Design and Structure: New Lessons from Behavioural Finance*, Oxford University Press, pp. 83–96.

El estudio sobre la selección de mermeladas puede consultarse en: IYENGAR, S. S. y LEPPER, M. R., 2000, «When choice is demotivating: can one desire too much of a good thing?», *Journal of Personality and Social Psychology*, 79: 995–1006.

Para más información sobre las decisiones corporativas de reducir el número de alternativas ofrecidas, consulte: OSNOS, E., 1997, «Too many choices? Firms cut back on new products», *Philadelphia Inquirer*, 27 de septiembre, pp. D1, D7.

Si desea documentarse sobre por qué ofrecer más opciones puede causar un efecto paralizante o destructivo en los demás, vea: SCHWARTZ, B., 2004, *Por qué más es menos,* Madrid: Taurus Ediciones.

6. ¿Cuándo un obsequio se convierte en responsabilidad?

El estudio sobre el efecto contraproducente de los obsequios puede consultarse en: RAGHUBIR, P., 2004, «Free gift with purchase: promoting or discounting the brand?», *Journal of Consumer Psychology*, 14: 181–6.

7. ¿Cómo es posible que un producto nuevo de más calidad aumente las ventas de otro inferior?

Tanto el ejemplo de la panificadora como el estudio presentado en este capítulo pueden consultarse en: SIMONSON, I., 1993, «Get closer to your customers by understanding how they make choices», *California Management Review*, 35: 68–84.

8. El miedo... ¿persuade o paraliza?

El estudio de sanidad pública se encuentra en: LEVENTHAL, H., SINGER, R. y JONES, S., 1965, «Effects of fear and specificity of recommendation upon attitudes and behaviour», *Journal of Personality and Social Psychology*, 2: 20–29.

9. ¿Qué nos puede enseñar el ajedrez sobre la persuasión?

El artículo de prensa que relataba la reacción en Islandia a Bobby Fischer puede leerse en: SMITH-SPARK, L., 2005, «Fischer "put Iceland on the map"», 23 de marzo, extraído de la página de noticias del sitio en la Red de la BBC.

El estudio de Regan con las latas de Coca-Cola procede de: REGAN, D. T., 1971, «Effects of a favour and liking on compliance», *Journal of Experimental Social Psychology*, 7: 627–39.

10. ¿Qué artículo de oficina tiene poder de influencia?

La investigación sobre las notas Post-it puede consultarse en: GARNER, R., 2005, «Post- It Note persuasion: a sticky influence», *Journal of Consumer Psychology*, 15: 230–37.

11. ¿Por qué los restaurantes deberían deshacerse de sus cestas de caramelos?

El estudio de las propinas puede leerse en: STROHMETZ, D. B., RIND, B., FISHER, R. y LYNN, M., 2002, «Sweetening the till: the use of candy to increase restaurant tipping», *Journal of Applied Social Psychology*, 32: 300–309.

12. ¿Cuál es el tirón de no tener ataduras?

Los datos del estudio del hotel proceden de un manuscrito actualmente en preparación para ser sometido a un proceso de revisión por colegas: GOLDSTEIN, N. J., CIALDINI, R. B. y GRISKEVICIUS, V., 2007, «Maximizing motivation to cooperate toward the fulfilment of a shared goal: initiation is everything».

13. ¿Los favores son como el pan o como el vino?

El estudio que analiza los efectos del tiempo sobre el valor de los favores puede consultarse en: FLYNN, F. J., 2003, «What have you done for me lately? Temporal adjustments to favour evaluations», *Organisational Behaviour and Human Decision Processes*, 91: 38–50.

14. ¿Por qué un pequeño paso es un primer éxito?

El estudio de las espantosas vallas publicitarias y el de la invasión doméstica pueden encontrarse en: FREEDMAN, J. L. y FRASER, S. C., 1966, «Compliance without pressure: the foot-in-the-door technique», *Journal of Personality and Social Psychology*, 4: 195–203.

El consejo del experto en ventas procede de: GREEN, F., 1965, «The "foot-in-the-door" technique», *American Salesman*, 10: 14–16.

15. ¿Cómo convertirse en un maestro Jedi de la influencia social?

El estudio sobre la técnica del encasillamiento en las votaciones puede consultarse en: TYLER, A. M. y YALCH, R. F., 1980, «The effect of experience: a matter of salience?», *Journal of Consumer Research*, 6: 406–13.

El estudio sobre la técnica del encasillamiento en niños es de: CIALDINI, R. B., EISENBERG, N., GREEN, B. L., RHOADS, K. y BATOR, R., 1998, «Undermining the undermining effect of reward on sustained interest: when unnecessary conditions are sufficient», *Journal of Applied Social Psychology*, 28: 249–63.

16. ¿Cómo puede una sencilla pregunta aumentar radicalmente el apoyo hacia usted y hacia sus ideas?

El estudio electoral puede encontrarse en: GREENWALD, A. G., CARNOT, C. G., BEACH, R. y YOUNG, B., 1987, «Increasing voting behaviour by asking people if they expect to vote», *Journal of Applied Psychology*, 72: 315–18.

El relato del restaurante de Gordon Sinclair en Chicago procede de: CIALDINI, R. B., 1990, *Influir en los demás*, Barcelona: Ediciones S.

17. ¿Cuál es el ingrediente activo del compromiso duradero?

El pasaje sobre el objetivo de ventas se analiza en: CIALDINI, R. B., 1990, *Influir en los demás*, Barcelona: Ediciones S.

El estudio sobre el compromiso activo y pasivo puede consultarse en: CIOFFI, D. y GARNER, R., 1996, «On doing the decision: effects of active versus passive commitment and self-perception», *Personality and Social Psychology Bulletin*, 22: 133–44.

La referencia a las faltas de pacientes se encuentra en un estudio de Developing Patient Partnerships (ONG subvencionada por el ministerio de sanidad del Reino Unido) de agosto de 2006.

18. ¿Se puede luchar contra la coherencia con coherencia?

El estudio que analiza la manera en que la preferencia de consistencia aumenta con la edad puede consultarse en: BROWN, S. L., ASHER, T. y CIALDINI, R. B., 2005, «Evidence of a positive relationship between age and preference for consistency», *Journal of Research in Personality*, 39: 517–33.

19. ¿Qué consejo persuasivo podemos aprender de Benjamin Franklin?

La conexión entre la estrategia de Ben Franklin y la persuasión se describe excepcionalmente bien en: ARONSON, E., WILSON, T. D. y AKERT, R. M., 2005, *Social Psychology* (5ª ed.), Englewood Cliffs, NJ: Prentice Hall.

La cita de Franklin procede de: FRANKLIN, B., 1900, *The Autobiography of Ben Franklin* (ed. J. Bigelow), Philadelphia, PA: Lippincott (publicada originalmente en 1868).

El estudio que analizaba el «efecto Benjamin Franklin» puede encontrarse en: JECKER, J. y LANDY, D., 1969, «Liking a person as a function of doing him a favour», *Human Relations*, 22: 371–8.

20. ¿Cuándo se llega lejos pidiendo poco?

El estudio de «incluso un centavo sería de ayuda» puede consultarse en: CIALDINI, R. B. y SCHROEDER, D. A., 1976, «Increasing compliance by legitimizing paltry contributions: when even a penny helps», *Journal of Personality and Social Psychology*, 34: 599–604.

21. ¿Empezar por arriba o por abajo para que la gente compre?

El estudio de eBay está disponible en: KU, G., GALINSKY, A. D. y MURNINGHAM J. K., 2006, «Starting low but ending high: a reversal of the anchoring effect in auctions», *Journal of Personality and Social Psychology*, 90: 975–86.

22. ¿Cómo presumir sin que nos tilden de presumidos?

El estudio sobre utilizar a otras personas para legitimarnos puede encontrarse en: PFEFFER, J., FONG, C. T., CIALDINI, R. B. y PORTONY, R. R., 2006, «Overcoming the self-promotion dilemma: interpersonal attraction and extra help as a consequence of who sings one's praises», *Personality and Social Psychology Bulletin*, 32: 1362–74.

23. ¿Qué peligro oculto esconde ser el más inteligente del lugar?

El estudio de grupos frente a individuos puede encontrarse en: LAUGHLIN, P. R., BONNER, B. y MINOR, A., 2002, «Groups perform better than the best individuals on letters-to-numbers problems», *Organisational Behaviour and Human Decision Processes*, 88: 605–20.

24. ¿Qué podemos aprender de la *capitanitis?*

El estudio sobre la obediencia de las enfermeras puede consultarse en: HOFLING, C. K., BROTZMAN, E., DALRYMPLE, S., GRAVES, N. y PIERCE, C. M., 1966, «An experimental study of nurse–physician relationships», *Journal of Nervous and Mental Disease*, 141: 171–80.

25. ¿Por qué las reuniones en grupo provocan por naturaleza desastres antinaturales?

Para más información sobre el pensamiento en grupo, lea: JANIS, I. L., 1983, *Groupthink: Psychological Studies of Policy Decisions and Fiascoes* (2ª ed.), Boston, MA: Houghton Mifflin.

La fuente de la transcripción de la investigación del Columbia es: Langewiesche, W., 2003, «Columbia's last flight», *Atlantic Monthly*, 292: 58–87.

26. ¿Quién es mejor persuasor, el abogado del diablo o el verdadero disidente?

El estudio del abogado del diablo contra el disidente auténtico se encuentra en: NEMETH, C., BROWN, K. y ROGERS, J., 2001), «Devil's advocate versus authentic dissent: stimulating quantity and quality», *European Journal of Social Psychology*, 31: 707–20.

La demostración de que el uso de un abogado del diablo fortalece la confianza de los miembros mayoritarios en su postura original puede consultarse en: NEMETH, C., CONNELL, J., ROGERS, J. y BROWN, K., 2001, «Improving decision making by means of dissent», *Journal of Applied Social Psychology*, 31: 48–58.

27. ¿Cuándo la dirección correcta puede ser la equivocada?

La investigación sobre la formación de los bomberos procede de: JOUNG, W., HESKETH, B. y NEAL, A., 2006, «Using "war stories" to train for adaptive performance: is it better to learn from error or success?», *Applied Psychology: An International Review*, 55: 282–302.

28. ¿Cuál es la mejor manera de convertir una debilidad en fortaleza?

El estudio que demuestra los efectos de admitir las propias debilidades en Derecho puede consultarse en: WILLIAMS, K. D., BOURGEOIS, M. y CROYLE, R. T., 1993, «The effects of stealing thunder in criminal and civil trials», *Law and Human Behaviour*, 17: 597–609.

29. ¿Qué fallos abren las cajas fuertes de los demás?

El estudio «pequeño pero acogedor» puede leerse en: Bohner, G., EINWILLER, S., ERB, H.-P. y SIEBLER, F., 2003, «When small means comfortable: relations between product attributes in two-sided advertising», *Journal of Consumer Psychology*, 13: 454–63.

Otro estudio informativo sobre esta cuestión: PECHMANN, C., 1992, «Predicting when two-sided ads will be more effective than one-sided ads: the role of correlational and correspondent inferences», *Journal of Marketing Research*, 29: 441–53.

30. ¿Cuándo es oportuno admitir que nos equivocamos?

La investigación sobre el reconocimiento de los fallos puede leerse en: LEE, F., PETERSON, C. y TIEDENS, L. A., 2004, «Mea culpa: predicting stock prices from organisational attributions», *Personality and Social Psychology Bulletin*, 30: 1636–49.

31. ¿Cuándo debería alegrarnos que el servidor esté inactivo?

El estudio sobre los fallos técnicos procede de: NAQUIN, C. R. y KURTZBERG, T. R., 2004, «Human reactions to technological failure: how accidents rooted in technology vs. human error influence judgements of organisational accountability», *Organisational Behaviour and Human Decision Processes*, 93: 129–41.

El dato de cuánto tiempo soporta un ciudadano británico medio al año en retrasos por fallos técnicos procede de la página web del Instituto Nacional de Estadística: www.statistics.gov.uk.

32. ¿Cuándo las similitudes marcan la diferencia?

El estudio sobre la similitud de los nombres puede leerse en: GARNER, R., 2005, «Post-It Note persuasion: a sticky influence», *Journal of Consumer Psychology*, 15: 230–37.

33. ¿Tu profesión en tu apellido?

Las citas de la versión americana de *The Office* corresponden al episodio titulado «The coup».

Pueden consultarse análisis sobre los efectos del nombre en las grandes decisiones de la vida, como la profesión y el lugar de residencia, en: PELHAM, B. W., MIRENBERG, M. C. y JONES, J. T., 2002, «Why Susie sells seashells by the seashore: implicit egotism and major life decisions», *Journal of Personality and Social Psychology*, 82: 469–87.

El estudio que demuestra que las personas son más dadas a casarse con personas de nombre similar puede consultarse en: JONES, J. T., PELHAM, B. W., CARVALLO, M. y MIRENBERG, M. C., 2004, «How do I love three? Let me count the Js: implicit egotism and interpersonal attraction», *Journal of Personality and Social Psychology*, 87: 665–83.

El análisis de los efectos de los nombres de las personas sobre las preferencias de consumo proviene de: BRENDL, M. C., CHATTOPADHYAY, A., PELHAM, B. W. y CARVALLO, M., 2005, «Name letter branding: valence transfers when product specific needs are active», *Journal of Consumer Research*, 32: 405–15.

34. ¿Qué debemos tomar prestado de los que aceptan propinas?

El estudio de las propinas se encuentra en: VAN BAAREN, R. B., HOLLAND, R. W., STEENAERT, B. y VAN KNIPPENBERG, A., 2003, «Mimicry for money: behavioural consequences of imitation», *Journal of Experimental Social Psychology*, 39: 393–8.

El primer estudio sobre la imitación de la postura se encuentra en: CHARTRAND, T. K. y BARGH, J. A., 1999, «The Chameleon effect: the perception–behaviour link and social interaction», *Journal of Personality and Social Psychology*, 76: 893–910.

El estudio que analiza las consecuencias de la imitación de la postura en las negociaciones se encuentra en: MADDUX, W. W., MULLEN, E. y GALINSKY, A. D. (en impresión), «Chameleons bake bigger pies and take bigger pieces: strategic behavioural mimicry facilitates negotiation outcomes», *Journal of Experimental Social Psychology*.

35. ¿Que clase de sonrisa es contagiosa?

La investigación sobre la sonrisa puede consultarse en: GRANDEY, A. A., FISK, G. M., MATTILA, A. S., JANSEN, K. J. y SIDEMAN, L. A., 2005, «Is "service with a smile" enough? Authenticity of positive displays during service encounters», *Organisational Behaviour and Human Decision Processes*, 96: 38–55.

36. ¿Qué nos enseña la acumulación de paños de cocina?

Una fuente de información sobre cómo el cambio de fecha de la boda real influyó sobre la conducta de compra: DEAR, P., 2005, «Fans "panic buy" 8 April mementos», 5 de abril, extraído de: http://news.bbc.co.uk/2/hi/uk_news/4412347.stm.

La fuente del estudio sobre la ternera australiana es: KNISHINSKY, A., 1982, «The effects of scarcity of material and exclusivity of information on industrial buyer perceived risk in provoking a purchase decision», tesis doctoral inédita, Universidad Estatal de Arizona, Tempe.

37. ¿Qué se gana perdiendo?

La cita de apertura puede encontrarse en GREENWALD, J., 1985, «Coca-Cola's big fizzle», *Time*, 22 de julio, p. 48.

Un excelente relato de la debacle de la nueva Coca-Cola puede encontrarse en: THOMAS, O., 1986, *The Real Coke, the Real Story*, New York: Random House. Una faceta diferente se comenta en: GLADWELL, M., 2005, *Inteligencia intuitiva,* Madrid: Punto de Lectura.

El trabajo original sobre la aversión a la pérdida pertenece a: KAHNEMAN, D. y TVERSKY, A., 1979, «Prospect theory: an analysis of decision under risk», *Econometrica*, 47: 263–91.

Los efectos sobre la aversión a la pérdida en la conducta de los accionistas se abordan más detenidamente en: SHELL, G. R., 2005, *Negociar con ventaja,* Barcelona: Antoni Bosch Editor.

Los estudios que demuestran la aversión a la pérdida en las decisiones de gestión pueden consultarse en: SHELLEY, M. K., 1994, «Gain/loss asymmetry in risky intertemporal choice», *Organisational Behaviour and Human Decision Processes*, 59: 124–59.

38. ¿Qué palabra puede reforzar sus intentos persuasivos?

Los estudios de la fotocopiadora se encuentran en: LANGER, E., BLANK, A. y CHANOWITZ, B., 1978, «The mindlessness of ostensibly thoughtful action: the role of "placebic" information in interpersonal interaction», *Journal of Personality and Social Psychology*, 36: 639–42.

Los estudios que demuestran el poder de aportar razones que favorezcan a una postura pueden consultarse en: MAIO, G. R., OLSON, J. M., ALLEN, L. y BERNARD, M. M., 2001, «Addressing discrepancies between values and behaviour: the motivating effect of reasons», *Journal of Experimental Social Psychology*, 37: 104–17.

39. ¿Cuándo puede ser un error preguntar por todas las razones?

El estudio de BMW frente a Mercedes se encuentra en: WÄNKE, M., BOHNER, G. y JURKOWITSCH, A., 1997, «There are many reasons to drive a BMW: does imagined ease of argument generation influence attitudes?», *Journal of Consumer Research*, 24: 170–77.

Dos estudios que respaldan nuestra sugerencia sobre imágenes son: GREGORY, L. W., CIALDINI, R. B. y CARPENTAR, K. M., 1982, «Self-relevant scenarios as mediators of likelihood estimates and compliance: does imagining make it so?», *Journal of Personality and Social Psychology*, 43: 89–99; y PETROVA, P. K. y CIALDINI, R. B., 2005, «Fluency of consumption imagery and the backfire effects of imagery appeals», *Journal of Consumer Research*, 32: 442–52.

40. ¿Por qué la simplicidad de un nombre le añade valor?

Los estudios sobre los nombres de las acciones se encuentran en: ALTER, A. L. y OPPENHEIMER, D. M., 2006, «Predicting short-term stock fluctuations by using processing fluency», *Proceedings of the National Academy of Sciences*, 103: 9369–72.

La fuente de la cita con lenguaje demasiado técnico es: MOORE, B., 2006, «The towers of babble: the worst excesses of workplace jargon can leave one begging for a translator – and a return to plain English», 9 de octubre.

La investigación sobre los efectos del uso de vocabulario complejo puede consultarse en: OPPENHEIMER, D. M., 2006, «Consequences of erudite vernacular utilized irrespective of necessity: problems with using long words needlessly», *Applied Cognitive Psychology*, 20: 139–56.

41. ¿Puede un pareado mejorar su resultado?

El estudio de la rima se encuentra en: MCGLONE, M. S. y TOFIGHBAKHSH, J., 2000, «Birds of a feather flock conjointly: rhyme as reason in aphorisms», *Psychological Science*, 11: 424–8.

42. ¿Qué nos enseña el bateo de béisbol sobre la persuasión?

El estudio sobre el contraste pertenece a: TORMALA, Z. L. y PETT, R. E., 2007, «Contextual contrast and perceived knowledge: exploring the implications for persuasion», *Journal of Experimental Social Psychology*, 43: 17–30.

43. ¿Cómo puede ganar ventaja en la búsqueda de la fidelidad?

El estudio sobre el túnel de lavado se encuentra en: NUNES, J. C. y DREZE, X., 2006, «The endowed progress effect: how artificial advancement increases effort», *Journal of Consumer Research*, 32: 504–12.

44. ¿Qué lecciones de persuasión nos puede dar una caja de ceras?

El estudio sobre el nombre de los colores puede consultarse en: MILLER, E. G. y KAHN, B. E., 2005, «Shades of meaning: the effect of colour and flavour names on consumer choice», *Journal of Consumer Research*, 32: 86–92.

45. ¿Cómo presentar un mensaje para que sus efectos duren... y duren... y duren...?

Una importante fuente de información sobre la confusión de los consumidores entre Energizer y Duracell es: LIPMAN, J., 1990, «Too many think the bunny is Duracell's, not Eveready's», *Wall Street Journal*, 31 de julio, p. B1.

Una revisión magnífica de los estudios sobre la función de la memoria en la publicidad: KELLER, K. L., 1991, «Memory factors in advertising: the effect of retrieval cues on brand evaluations», En A. A. MITCHELL (ed.), *Advertising Exposure, Memory, and Choice*, Nueva Jersey (EE.UU.): Erlbaum, pp. 11–48.

Un repaso más general de la investigación sobre los apoyos mnemotécnicos puede consultarse en: TULVING, E. y THOMPSON, D. M., 1973, «Encoding specificity and retrieval processes in episodic memory», *Psychological Review*, 80: 352–73.

Hemos expresado anteriormente nuestras recomendaciones para las campañas de salud pública en: GOLDSTEIN, N. J. y CIALDINI, R. B., 2007, «Using social norms as a lever of social influence», en Pratkanis, A. (ed.), *The Science of Social Influence: Advances and Future Progress*,

Philadelphia (EE.UU).: Psychology Press. Esta obra es una fuente académica excelente de los últimos estudios sobre influencia social.

Un estudio que demuestra que el alcohol incrementa la eficacia de los mensajes persuasivos se encuentra en: MACDONALD, T., FONG, G., ZANNA, M. y MATRINEAU, A., 2000, «Alcohol, myopia and condom use: Can alcohol intoxication be associated with more prudent behaviour?», *Journal of Personality and Social Psychology*, 78: 605–19.

46. ¿Qué objeto consigue que los demás reflexionen sobre sus valores?

El estudio sobre los ojos puede consultarse en: BATESON, M., NETTLE, D. y ROBERTS, G., 2006, «Cues of being watched enhance cooperation in a real-world setting», *Biology Letters*, 2: 412–14.

El estudio de Halloween que examinaba el efecto de un espejo se encuentra en: BEAMAN, A. L., KLENTZ, B., DIENER, E. y SVANUM, S., 1979, «Self-awareness and transgression in children: two field studies», *Journal of Personality and Social Psychology*, 37: 1835–46.

La investigación sobre preguntar el nombre a las personas pertenece a: DIENER, E., FRASER, S. C., BEAMAN, A. L. y KELEM, R. T., 1976, «Effects of deindividuation variables on stealing among Halloween trick-or-treaters», *Journal of Personality and Social Psychology*, 33: 178–83.

Para más comentarios sobre los problemas de la vigilancia, vea: CIALDINI, R. B., PETROVA, P. K. y GOLDSTEIN, N. J., 2004, «The hidden costs of organizational dishonesty», *Sloan Management Review*, 45: 67–73.

El estudio sobre arrojar basura puede consultarse en: KALLGREN, C. A., RENO, R. R. y CIALDINI, R. B., 2000, «A focus theory of normative conduct: when norms do and do not affect behaviour», *Personality and Social Psychology Bulletin*, 26: 1002–12.

47. ¿La tristeza menoscaba la capacidad de negociación?

Las citas de *Sexo en Nueva York* pertenecen al episodio titulado «The domino effect».

La investigación sobre la tristeza se encuentra en: LENER, J. S., SMALL, D. A. y LOEWENSTEIN, 2004, «Heart strings and purse strings: carryover effects of emotions on economic decisions», *Psychological Science*, 15: 337–41.

48. ¿La emoción pone en marcha la persuasión?

La investigación sobre cómo las emociones reducen la capacidad de las personas para discriminar entre la magnitud numérica puede consultarse en: HSEE, C. K. y ROTTENSTREICH, Y., 2004, «Music, pandas, and muggers: on the affective psychology of value», *Journal of Experimental Psychology: General*, 133: 23–30.

49. ¿Qué hace que la gente crea todo lo que lee?

La cita del preso político chino puede leerse en la página 23 de: LIFTON, R. J., 1961, *Thought Reform and the Psychology of Totalism*, Nueva York (EE.UU.): Norton. Nosotros la descubrimos en: GILBERT, D. T., 1991, «How mental systems believe», *American Psychologist*, 46: 107–19.

Los estudios que demuestran que las personas se inclinan a creer las afirmaciones de los demás cuando disponen de pocos recursos cognitivos pueden consultarse en: GILBERT, D. T., KRULL, D. S. y MALONE, P. S., 1990, «Unbelieving the unbelievable: some problems in the rejection of false information», *Journal of Personality and Social Psychology*, 59: 601–13; y en GILBERT, D. T., TAFARODI, R. W. y MALONE, P. S., 1993, «You can't not believe everything you read», *Journal of Personality and Social Psychology*, 65: 221–33. Nuestro título se ha inspirado en el de este último documento.

Los lectores interesados en conocer mejor las fascinantes ideas de Gilbert y los estudios sobre la felicidad pueden leer: GILBERT, D. T., 2006, *Stumbling on Happiness*, Nueva York (EE.UU.): Knopf.

El estudio que demuestra cómo alterar la capacidad de pensar de las personas puede aumentar el cumplimiento se encuentra en: DAVIS, B. P. y KNOWLES, E. S., 1999, «A disrupt-then-reframe technique of social influence», *Journal of Personality and Social Psychology*, 76: 192–9; y en KNOWLES, E. S. y LINN, J. A. (en impresión), «Approach-avoidance model of persuasion: alpha and omega strategies for change», en KNOWLES, E. S. y LINN, J. A. (eds), *Resistance and Persuasion*, Mahwah, Nueva Jersey (EE.UU.): Erlbaum.

50. ¿Los laboratorios de trimet estimulan su influencia?

La investigación sobre la cafeína puede consultarse en: MARTIN, P. Y., LAING, J., MARTIN, R. y MITCHELL, M., 2005, «Caffeine, cognition and persuasion: evidence for caffeine increasing the systematic processing of persuasive messages», *Journal of Applied Social Psychology*, 35: 160–82.

Epílogo. La influencia en el siglo XXI

La fuente del relato y las citas sobre los viernes sin correo electrónico es: HORNG, E., 2007, «No e-mail Fridays transforms office», 10 de marzo.

El estudio que examina las diferencias entre la negociación a través de la Red y presencial se encuentra en: MORRIS, M., NADLER, J., KURTZBERG, T. y THOMPSON, L., 2002, «Schmooze or lose: social friction and lubrication in e-mail negotiations», *Group Dynamics: Theory, Research, and Practice*, 6: 89–100.

El estudio que aborda la solución a las dificultades de la negociación a través de la Red puede consultarse en: MOORE, D. A., KURTZBERG, T. R., THOMPSON, L. y MORRIS, M., 1999, «Long and short routes to success in electronically mediated negations: group affiliations and good vibrations», *Organisational Behaviour and Human Decision Processes*, 77: 22–43.

La investigación sobre persuasión a través de la Red entre los sexos procede de: GUADAGNO, R. E. y CIALDINI, R. B., 2002, «A través de la Red persuasion: an examination of gender differences in computer-mediated interpersonal influence», *Group Dynamics: Theory, Research, and Practice*, 6: 38–51.

Los estudios que demuestran nuestro exceso de confianza en la comprensión de nuestras comunicaciones electrónicas se encuentran en: KRUGER, J., EPLEY, N., PARKER, J. y NG, Z., «Egocentrism over e-mail: can we communicate as well as we think?», *Journal of Personality and Social Psychology*, 89: 925–36.

El estudio sobre la difusión de responsabilidad se encuentra en: DARLEY, J. M. y LATANÉ, B., 1968, «Bystander intervention in emergencies: diffusion of responsibility», *Journal of Personality and Social Psychology*, 8: 377–83.

La investigación que demuestra las ventajas de mostrar los precios de la competencia en la página web de una empresa se encuentra en: TRIFTS, V. y HAUBL, G., 2003, «Information availability and consumer preference: can a través de la Red retailers benefit from providing access to competitor price information?», *Journal of Consumer Psychology*, 13: 149–59.

Los efectos, sutiles pero poderosos, de las imágenes de fondo en las páginas web pueden consultarse en: MANDEL, N. y JOHNSON, E. J., 2002, «When web pages influence choice: effects of visual primes on experts and novices», *Journal of Consumer Research*, 29: 235–45.

La investigación sobre cómo la cultura afecta a las prácticas de gestión se encuentra en: MORRIS, M., PODOLNY, J. y ARIEL, S., 2001, «Culture, norms, and obligations: cross-national differences in patterns of interpersonal norms and felt obligations toward co-workers», en *The Practice of Social Influence in Multiple Cultures*, ed. WOSINSKA, W., BARRETT, D., CIALDINI, R. y REYKOWSKI, J., Mahwah, (EE.UU.): Lawrence Erlbaum, pp. 97–123.

Los estudios sobre cómo la eficacia de la publicidad difiere entre culturas están disponibles en: HAN, S. y SHAVITT, S., 1994, «Persuasion and culture: advertising appeals in individualistic and collectivist societies», *Journal of Experimental Social Psychology*, 30: 326–50.

El relato sobre Jack Nicklaus, incluidas las citas, se encuentran en: FERGUSON, D., 2005, «Grieving Nicklaus meets press», 7 de marzo.

El estudio sobre la coherencia transcultural entre estadounidenses y asiáticos puede consultarse en: PETROVA, P. K., CIALDINI, R. B. y SILLS, S. J. (en impresión), «Consistency-based compliance across cultures», *Journal of Experimental Social Psychology*, 43: 104–11.

La investigación que compara la coherencia transcultural con la aprobación social entre participantes estadounidenses y polacos se encuentra en: CIALDINI, R. B., WOSINSKA, W., BARRETT, D. W., BUTNER, J. y GORNIK-DUROSE, M., 1999, «Compliance with a request in two cultures: the differential influence of social proof and commitment/consistency on collectivists and individualists», *Personality and Social Psychology Bulletin*, 25: 1242–53.

El estudio sobre el contestador telefónico puede consultarse en: MIYAMOTO, Y. y SCHWARZ, N., 2006, «When conveying a message may hurt the relationship: cultural differences in the difficulty of using an answering machine», *Journal of Experimental Social Psychology*, 42: 540–47.

La idea de que las personas de culturas colectivistas tienden a priorizar más la función relacional de la comunicación que las personas de culturas individualistas se aborda más detenidamente en: SCOLLON, R. y SCOLLON, S. W., 1995, *Intercultural Communication: A Discourse Approach*, Cambridge (Reino Unido): Blackwell.

La investigación que demuestra cómo los oyentes japoneses tienden a comunicar más sus reacciones está disponible en: WHITE, S., 1989, «Backchannels across cultures: a study of Americans and Japanese», *Language in Society*, 18: 59–76.

Anexo. La influencia ética

Los lectores pueden informarse sobre la escasez de combustible del año 2000 en el Reino Unido en el archivo del sitio en la Red de la BBC.

Agradecimientos

¡Sí! es, básicamente, una recopilación de conocimientos de la fascinante ciencia de la influencia social. Estamos inmensamente agradecidos al sinnúmero de científicos que han realizado las investigaciones que incluimos a lo largo del texto, puesto que sin su trabajo *¡Sí!* no sería un libro, sino un panfleto.

Durante la redacción de *¡Sí!* hemos tenido la suerte de poder acceder a otra serie de conocimientos: los de nuestros colegas, socios y alumnos. En particular, nos gustaría agradecer a Vladas Griskevicius, Leah Combs, Jennifer Ottolino, Miguel Prietto, Stuart Shoen y Chaundra Wong por revisar y comentar varios capítulos del libro en su primera fase. Gracias igualmente a Dan Norris, Nick Pope, Dil Sidhu, Brian Ahearn, Kathy Fragnoli, Christy Farnbauch, John Fisher y Tim Batchelor por ofrecernos sus propios ejemplos de cómo han empleado la ciencia de la persuasión con efecto.

También nos gustaría expresar nuestra gratitud a Daniel Crewe, editor de Profile Books, por su energía, entusiasmo hacia el libro en todas sus fases y por sus valiosas sugerencias de principio a fin.

Además, hemos tenido la suerte de contar con Bobette Gordon, que simplificó tremendamente nuestras vidas en cada momento, permitiéndonos concentrarnos en escribir el libro sin tener que preocuparnos por los detalles circundantes. Su duro trabajo y dedicación al éxito de este proyecto han sido inestimables. Valoramos y apreciamos enormemente el apoyo continuo y la colaboración profesional con Gary Colleran y Anne Buckingham, de nuestro despacho en el Reino Unido. Por último, estamos tremendamente agradecidos a Jenessa Shapiro y Bernie Goldstein por sus comentarios críticos sobre todos los aspectos del libro y, más importante aún, por su interminable apoyo.

Noah J. Goldstein
Steve J. Martin
Robert B. Cialdini